世界五千年
科技故事丛书

卢嘉锡题

世界五千年科技故事丛书

大自然的改造者

米秋林的故事

丛书主编　管成学　赵骥民

编著　刘锡海

吉林出版集团 | 吉林科学技术出版社

图书在版编目（CIP）数据

大自然的改造者：米秋林的故事 / 管成学，赵骥民主编.
-- 长春：吉林科学技术出版社，2012.10（2022.1 重印）
ISBN 978-7-5384-6107-7

Ⅰ.① 大… Ⅱ.① 管… ② 赵… Ⅲ.① 米丘林（1855～1935）
—通俗读物 Ⅳ.① K835.126.3-49

中国版本图书馆CIP数据核字（2012）第156255号

大自然的改造者：米秋林的故事

主　　编	管成学　赵骥民	
出 版 人	宛　霞	
选题策划	张瑛琳	
责任编辑	万田继	
封面设计	新华智品	
制　　版	长春美印图文设计有限公司	
开　　本	640mm×960mm　1 / 16	
字　　数	100千字	
印　　张	7.5	
版　　次	2012年10月第1版	
印　　次	2022年1月第5次印刷	

出　　版	吉林出版集团	
	吉林科学技术出版社	
发　　行	吉林科学技术出版社	
地　　址	长春市净月区福祉大路 5788 号	
邮　　编	130118	
发行部电话 / 传真	0431-81629529　81629530　81629531	
	81629532　81629533　81629534	
储运部电话	0431-86059116	
编辑部电话	0431-81629518	
网　　址	www.jlstp.net	
印　　刷	北京一鑫印务有限责任公司	

书　　号	ISBN 978-7-5384-6107-7	
定　　价	33.00元	

序 言

十一届全国人大副委员长、中国科学院前院长、两院院士

路甬祥

放眼21世纪，科学技术将以无法想象的速度迅猛发展，知识经济将全面崛起，国际竞争与合作将出现前所未有的激烈和广泛局面。在严峻的挑战面前，中华民族靠什么屹立于世界民族之林？靠人才，靠德、智、体、能、美全面发展的一代新人。今天的中小学生届时将要肩负起民族强盛的历史使命。为此，我们的知识界、出版界都应责无旁贷地多为他们提供丰富的精神养料。现在，一套大型的向广大青少年传播世界科学技术史知识的科普读物《世

界五千年科技故事丛书》出版面世了。

由中国科学院自然科学研究所、清华大学科技史暨古文献研究所、中国中医研究院医史文献研究所和温州师范学院、吉林省科普作家协会的同志们共同撰写的这套丛书，以世界五千年科学技术史为经，以各时代杰出的科技精英的科技创新活动作纬，勾画了世界科技发展的生动图景。作者着力于科学性与可读性相结合，思想性与趣味性相结合，历史性与时代性相结合，通过故事来讲述科学发现的真实历史条件和科学工作的艰苦性。本书中介绍了科学家们独立思考、敢于怀疑、勇于创新、百折不挠、求真务实的科学精神和他们在工作生活中宝贵的协作、友爱、宽容的人文精神。使青少年读者从科学家的故事中感受科学大师们的智慧、科学的思维方法和实验方法，受到有益的思想启迪。从有关人类重大科技活动的故事中，引起对人类社会发展重大问题的密切关注，全面地理解科学，树立正确的科学观，在知识经济时代理智地对待科学、对待社会、对待人生。阅读这套丛书是对课本的很好补充，是进行素质教育的理想读物。

读史使人明智。在历史的长河中，中华民族曾经创造了灿烂的科技文明，明代以前我国的科技一直处于世界领先地位，涌现出张衡、张仲景、祖冲之、僧一行、沈括、郭守敬、李时珍、徐光启、宋应星这样一批具有世界影响的科学家，而在近现代，中国具有世界级影响的科学家并不多，与我们这个有着13亿人口的泱泱大国并不相称，与世界先进科技水平相比较，在总体上我国的科技水平还存在着较大差距。当今世界各国都把科学技术视为推动社会发展的巨大动力，把培养科技创新人才当做提高创新能力的战略方针。我国也不失时机地确立了科技兴国战略，确立了全面实施素质教育，提高全民素质，培养适应21世纪需要的创新人才的战略决策。党的十六大又提出要形成全民学习、终身学习的学习型社会，形成比较完善的科技和文化创新体系。要全面建设小康社会，加快推进社会主义现代化建设，我们需要一代具有创新精神的人才，需要更多更伟大的科学家和工程技术人才。我真诚地希望这套丛书能激发青少年爱祖国、爱科学的热情，树立起献身科技事业的信念，努力拼搏，勇攀高峰，争当新世纪的优秀科技创新人才。

目 录

目 录 _____

引　言

伟大的俄罗斯生物学家伊凡·符拉基米罗维奇·米秋林（Michurin，lvan Vladmirovich，1855－1935）1855年生于一个热爱园艺的家庭里。

米秋林最伟大的贡献是改造植物的品种，将原来无用的植物变为有用的植物，将原来品种不好的植物变为品种好的植物，使它们对人类更有益处。

米秋林改造植物品种的工作主要是在果树方面。他一生培育出了300余种新植物。这些植物都比旧的品种好，有的果实长得大；有的味道更鲜美；有的能耐寒，不会被冻死；有的能够储藏的长久，不会坏。这些新植物都是根据他自己的主张，经过长期的试验、观察、改造培育出来的。因此，我们提到米秋林时，往往称他为"自然的改造者"。

让我们走进米秋林的果园去看看吧！

那里有的是各种稀奇古怪的果树，五光十色的花草。他的苹果不但好看，而且大得异常——一个苹果就有1.5千克重；他的梨吃在嘴里像奶油一样能化开；他的李子有鸡蛋那么大。有一种名字叫"北国美人"的樱桃，一张嘴里只放得下两颗，你说这种樱桃大不大？他的果园里还有一种"北极葡萄"，这种葡萄不怕寒冷。他的果园里满是玫瑰，是米秋林作杂种交配试验用的。可是这些玫瑰也和别人家的不同，颜色多种多样，不但有鲜红的、金黄的、紫色的、雪白的，而且还有蔚蓝色的，叫做"蓝母亲"，你想这有多奇怪！

米秋林就是这样一位伟大的改造自然的专家。他说过一句著名的话："我们不能等着大自然赐给我们东西，我们应该向它讨，这才是我们的任务。"米秋林就是这样一位敢于向自然索取的伟人。

园艺世家

米秋林的故乡是在俄国中部略桑州普隆斯卡城郊外的一个村庄。那村庄叫"峰顶"。米秋林的家原是一个破落的贵族兼小地主，到米秋林的父亲一代，已经是很贫穷了。

米秋林的父亲、祖父、曾祖父都喜欢种植果树，有一种很有名的梨子，叫"米秋林种梨子"，便是米秋林的祖先培育出来的。

米秋林的父亲符拉基米尔，曾在土拉兵工厂任机械验收员，退役后又在县里当过小官。不久便辞职，来到

"峰顶"村居住，专心从事园艺和养蜂。他的思想很进步，参加了当时代表进步农业思想的"自由经济社"，推广良种，宣传进步的耕种方法。每年秋冬两季，他都把附近的农家儿童集中起来教他们识字。

米秋林4岁的时候，他的母亲死了。从此以后，他同父亲相依为命，时常跟着父亲到果园和养蜂场去，帮父亲干这干那，成为父亲的一个小学生和小帮手。对于栽种树木，他非常感兴趣，时常锄地、播种、种树、采集和收种，他很喜欢做这一类的事。米秋林从小不仅喜欢园艺，而且还喜欢养鸟和养鱼。但在这一切工作中，最使他感兴趣的便是具有顽强生命力的植物种子。凡他觉得果实味道好的和果实肥大的种子，都搜集起来，把它们晾干，收藏起来。

米秋林从小就有一种强烈的求知欲望。他一本书也不放过，见到了就一定要把它读完。他先在家里跟父亲识字读书，后来到普隆斯卡城县立小学读书。那时他一有空闲，便专心做园艺方面的事。他8岁时，就已精通芽接法、枝接法、压枝法等植物嫁接法了。

米秋林十分喜欢大自然，大自然对他的诱惑力太大了。每逢星期六他总要回家去一次，但他总是步行回去，从不让家里派马车来接，因为他在步行时，可以一路欣赏自然风光。尤其是"峰顶"村附近的一草一木，他熟悉无比，什么树开什么花了，什么树接什么果了，都是他向村里居民所讲述的内容。

1872年6月，米秋林在县立小学毕业。父亲准备把他送到彼得堡去读专科学校，可是就在这时，不幸的事发生了。他的父亲突然患了重病，又因负债累累而宣告破产。家庭生活没了着落，陷入悲苦的境地。他的父亲也终于在这一年去世了。

失去了父亲和母亲的米秋林，由他的姑母抚养。他的姑母也是一个酷爱园艺的人，米秋林幼年受他父亲和姑母的影响很大。可是他姑母的家境也不好，经济困窘，度日如年。后来由他的伯父列夫把他送到略桑州立中学去读书。

米秋林进了中学后不久，便被开除了学籍。起因是有一次米秋林正在街上走，因风雪太大，耳朵又患着病，碰到校长，只打了招呼，而没有将帽子脱下敬礼，校长说他没礼貌，对师长不敬，因而将他开除学籍。其实，说来可笑，原来真正的原因是校长奥朗斯基曾向米秋林的伯父讨过贿赂，而他的伯父不肯给，并和校长吵了一架。校长便怀恨在心，竟然在米秋林身上进行报复。

艰苦创业

米秋林失学后，便在这一年的年底，来到乌拉尔铁路的科兹洛夫车站的货运营业所，当上一名小职员。薪水很低，每月只有12卢布。到了1874年，米秋林开始做助理站长，年仅20岁。这一年的8月，他结婚了，爱妻是酿酒工人的女儿，名字叫亚历山得拉·瓦西里耶芙娜·彼得洛西娜。婚后，夫妻俩的感情一直很好。

那时，米秋林每天都要工作16小时，既单调又繁重，有时还要忍受铁路长官的指责和谩骂。

沙皇时代，路风很坏，收贿受贿之事屡见不鲜，再用这种不干净的钱去吃吃喝喝更是司空见惯。可是米秋林为人正直，绝不同流合污，对站长提出了尖锐的批评，因此惹怒了站长，他被开除了。

米秋林在车站工作期间，曾研究过电报、信号机及钟表的构造和工作原理，掌握了维修这些东西的技术。助理站长职位被解除后，便被聘为钟表、信号机械修理技师。助理站长职位的失去，经济来源的减少，使米秋林一家的生活更为艰难。自1874年至1876年，结婚3年来，儿子尼古拉、女儿玛丽亚的先后出世，也使米秋林肩上的生活重担愈发沉重了。然而，米秋林没有被压垮，却以其钢铁般的意志继续着他的园艺研究工作。繁忙的工作间隙，全部被他用来学习和研究植物学，研究本国果树品种的地理分布。

1877年，米秋林来到祖国的中部和北部，对本国的果树分布情况和现状进行了一次考察。考察的结果使他惊讶，偌大一个国家竟然没有一个像样的果园，没有一所专门的园艺学校。

米秋林觉得当时俄国的果树园艺需要来一次革命，他勇敢地肩负起这一重大的使命。他在科兹洛夫城里租了一个荒芜的园子，虽说只有500平方米大，租金却高达每月3个卢布。就是在这块土地上，米秋林开始了他那充满艰辛的创造性事业。

为了养家糊口，也为了自己心爱的事业，米秋林每天都要工作到很晚。在工作之余，他几乎将全部时间都花费在这个园子里。他竭力减少家庭支出，把节省下来的钱用在搜寻各种植物和植物的种子上。

米秋林实验的初期，因为知识的缺乏和经验不足，他的科研事业经历了种种坎坷，这使他感到，首先必须对植物的生长过程进行深入研究，了解植物的生理特点及生活习性，尤其是气候、土壤对植物的影响等。

为了补充自己的知识，他把国内外有关园艺方面的书籍和报纸杂志都找来，进行仔细查找和研究。可那时有关改良植物品种的文章非常少，收效甚微。他陷入苦闷和失望之中。

与此同时，资金的匮乏也使他的事业陷入了困境。租用他人的果园要付租金，实验种植果树要买农具，要买国内外优良的植物种子和苗木，这一项一项都要花费大笔资金。而米秋林当时不过是一位普通的机械维修技师，收入不多，怎么能够负担得起这样庞大的支出呢？于是，他只能在工作之余，再找工作以获取额外的收入。

给人家修理钟表和各种仪器，是米秋林经常做的，往往干到深夜。他把这笔收入完全花在科学实验上。

俄国通俗科普作家伊林描写这一时期的米秋林，是"钟表匠的米秋林，热衷于园艺工作的米秋林"。

米秋林除找零活增加收入外，还竭力节省家庭的费用。他把支出一笔一笔都入了账。家人经常吃的是放在盐水里浸过的黑面包，喝清得见底的汤。所有省下来的钱，都被用来订购外国的优良苹果种和梨种。

米秋林无论什么事都十分认真，又精于研究，总想做一番改良。就说修理钟表吧，米秋林也不是一个普通的钟表匠。他有独到的零件，采用独到的修理方法。但是，他最心爱的工作，却是改良果树的品种。他为什么特别喜欢这一门科学呢？因为他觉得原有的植物品种对人类贡献不够多，应该加以改良，使其对人类贡献更大。

米秋林因为工作繁重，而又营养不良，他的健康受到了损害。他不得不在1880年到森林中去养病。在这期间，他深入研究了森林附近的自然环境对该地野生植物的影响。当年秋季，他又回到科兹洛夫城的果园。

经过多年的努力，米秋林已经搜集到600余种果树和浆果植物及其种子，并栽种在他的园子里。

可是不久，园子里很快长满了各种植物，密密麻麻的，使他的实验工作无法正常进行。又因为植物太密，一部分被挤死了。在这种情况下，他觉得有个新的、更大点的果园是十分必要的。租或买土地都得需要很多的钱，怎样才能够积攒这样一大笔钱呢？

他无法再增加收入了，只能尽量节省，把日常开支减少到最低程度。可要想积攒下一大笔本钱，不是一年两年所能办到的，暂时他只好另想办法，来解决眼前的问题。

沿着果园篱笆的边沿，他也种下树。树木中间的间隙地里，又种下了苗木。此时，树与树的间距只有4.5厘米左右，他将园子里的每寸土地都利用上了。

但是，这种方法也维持不了多久，过了三四年，园子里的植物又拥挤得要命，无法正常生长。米秋林很是着急，他的家庭收入更少了。他要节省每一分钱，尽早买来一块更大一点的地。

1885年，米秋林搬家到莫斯科街。在他家附近有一处果园出卖。由同学担保，他向银行贷了钱，买下了这座果园。不久，因负债太多，果园和房子又抵押给了别人。

米秋林就在这小小的果园里，培育出了他的第一批新品种的水果。可是这园子还是不够用。

1887年秋天，米秋林听说在科兹洛夫城郊的克鲁契山脚下有一块土地要出卖。他到那个地方仔细看了一番，感到非常满意。这是一块13公顷的土地，其中只有一半能用来种植植物，另一半则由石块、泥塘组成，不能用。

米秋林决心把这块土地买下来，由于缺少钱，从1887年秋到1888年初，尽管四处借钱，也没能凑足这笔款子。情况迫使他一方面卖掉了莫斯科街的那座果园，一方面又将尚未买进的土地的一半当做抵押而借到一笔钱，这样买地的钱才终于凑够了。1888年5月，签订了购买这块地的文书。15年来米秋林一直梦想能有个自己的果园，至此，他的愿望终于实现了。

买地契约签署后，米秋林全部的钱款就只剩下他口袋里那5个卢布了。现在，他就要凭这5个卢布为俄国的园艺创造出空前伟大的事业来。

米秋林有了自己的新果园后，首要的工作就是要将科兹洛夫城内果园里的苗木移种过来。这两个果园相距很远，他想雇辆车，可连车费都付不起，只好打消了这一念头，用自己和妻子的双肩，把这些苗木扛过来。

当时，米秋林经济实在拮据。为了搬运苗木，每天步行往返数次，腰酸腿疼，非常辛苦。早晨只能喝一点点茶，中午和晚上只能吃自己种的菜和一点点黑面包。有时回家晚了，只好吃上一块夹葱盐水饼来充饥。

由于家穷得厉害，搬到新果园以后，自然是无法盖新房，有半年之久全家都住在帐篷里。后来才在果园的中央盖起一间简陋的小屋。

1889年，米秋林34的时候辞去了铁路上的职务，专心致志在这个果园里干起他喜爱的果树选种工作来。

可是俄罗斯的冬季太冷了，米秋林果园中的果树冻坏了很多。事实证明，他用嫁接法来改良植物品种的尝试失败了。米秋林决定用人工杂交育种法来培育植物的新品种。什么是人工杂交育种法呢？那就是要用人工授粉的方法使两种植物交配，培育成一种新种植物，这种新种植物要具有它父母的优点，克服父母单方的缺点。

米秋林采用人工杂交育种法培育新品种，获得很大成功。1893－1896年的4年中，他的果园里已长成了好几千株杂交的李子、杏、樱桃和葡萄等苗木，这些果树的苗长势喜人。可是，米秋林观察到苗木长势好的原因，是这里的土地太肥沃了。他认为土质肥沃，生长环境过好，是培育不出真正的优良树种的。他决定搬迁，把果园搬到土质贫瘠的地方去。他的新打算被村民知道后，无不耻笑他，说他傻，说他发了疯等等。果园搬家，势必要损失许多宝贵的苗木，但他不顾这些，也不顾他人的讥笑，毅然决然要搬迁。为此，米秋林寻找了好久，终于在科兹洛夫郊外的顿斯卡雅村找到一块适宜的土地，这是一块有13公顷大小的贫瘠的沙土地。

1899年冬，米秋林卖掉了原有的果园，拆除了那间简陋的小屋，搬到顿斯卡雅村的果园新址。他们一家克服了冬季的寒风和大雪，直到1900年夏，才盖起一座茅屋，生活条件才稍有改观。同时，要把原来果园里的树木搬到新果园里来，也是件十分不易的事。米秋林为此耗用两年的时间，终于把全部树木搬了过来，但也损失了不少珍贵的苗木。

从此以后，米秋林便一直在这里工作着、忙碌着，花费了不知多少心血。功夫不负苦心人，在这里，他培育出了许许多多果树新品种，为祖国的园艺事业开辟出一条新路，一直到他逝世为止。

米秋林去旅行

1877年，米秋林22岁。这一年他决心参观一下俄罗斯境内有名的果树园，于是，他就到祖国各地旅行去了。

那时候，米秋林很穷，穿着很俭朴，甚至可以说很寒酸。但是他却有一副令人敬仰的外貌，他通达而充满自信，不向任何人低头，不向任何人卑躬屈膝，他坚信自己的才能。

当时，在俄罗斯有不少果树园，但都像米秋林父亲那座果树园一样，都是不怎么出色的。果树园艺非常落后，农业技术也不高明，果树的种类特别少，到处是一些野生或半野生的品种。在这些果树园里，苹果最多，个儿虽大，味儿却是不甜的；硬邦邦的，毫无光泽并有条纹；咬着直响，好像木头似的，算是最好的苹果了。还有些苹果树，像什么"别里"、"吉托夫卡"、"考里奇诺伊"、"巴布什金诺"，它们结出来的果实既小又不甜。

可是米秋林却幻想栽培出更好的苹果和梨来。他很想知道在俄罗斯是不是已经有人栽培出了如他所想象那样的苹果。如果这样的苹果已经有了的话，那么他就去看一看，向他们讨教一下果树栽培的技艺。

在这次旅行中，米秋林的感受实在不少。

一次，他听说离库尔斯克城不远的地方有座很大的果树园，果园的主人名叫阿维纳里乌斯，绰号"胖猪"，是个德国人。据说，在这座果园里生长着一株优良的"彼品"苹果树，是当时世界上最好的苹果品种之一。

米秋林一到果树园，正赶上那里干着一件很不光彩的事情。

是的，在这座果园里确实生长着一株"彼品"，但它是怎样生长的呢？"胖猪"——阿维纳里乌斯为了获得荣誉，到处说他的"彼品"是自由地生长着，没有任何的掩盖。实际上，米秋林一进果园就看见几个园丁在管理员指挥下，把"彼品"掩藏在专用来保护过冬的小屋里面。园丁在苹果树的左、右、前、后和上面都钉上木框，框里镶上玻璃，以防严寒侵袭"彼品"。

"真骗人！"米秋林心里想。"要把每株苹果树都这样掩藏起来过冬，老百姓怎么能办得到呢？"

后来，米秋林又找到一个姓萨布鲁科夫的俄国地主。萨布鲁科夫也是由于他的果园里仿佛结出奇异的苹果而出名的。

年轻的米秋林来到他那里的时候，地主把他仔细地打量了一番，瞧了瞧他那朴素的衣着，发觉米秋林的目光大胆而真诚。

"我不能放你进入我的果园！"萨布鲁科夫对米秋林说。

"为什么？"米秋林问。

"就是不放！"他气汹汹地又说了一遍。"我讨厌你，你简直就像一个捣乱分子，像个敌人。"

"我也讨厌你！"米秋林立即回敬他一句。"你像只狼狗，地主先生……"

萨布鲁科夫火了，操起鞭子，向米秋林抽了一鞭。米秋林忍受不住这样的侮辱，把地主按倒在地上。

仆人都跑过来了，好不容易才把地主救了出来。米秋林被他们捆绑起来，锁在贮藏室里。地主连忙打发人去找警察，而警察要到第二天的早晨才能来。米秋林没等到天亮，在贮藏室的墙壁上打个洞，穿过果树园逃走了。

终于，他找到了一座真正罕见的果树园。果园主人克列契特尼科夫跟别人不同，他亲切地招待了米秋林。

他亲自带领这位年轻的客人参观了整座果园。这儿的确有可看的东西，种植在这里的苹果树、梨树和其他的果树跟别的果树园里的迥然不同，都是奇形怪状的。有一株似树非树的东西，躯干不高，躯干上面有一根横枝向两面伸出去……横枝上头有几根小干向上伸展，与墨西哥的仙人掌很相似。

"这棵小树好吗？"克列契特尼科夫眨眨眼睛，轻轻地拍拍米秋林的肩膀问。

米秋林和主人在这座罕见的果树园里走着，他心里觉得很奇怪："种这些东西有什么用处呢？"

克列契特尼科夫向他解释说："我不愿意我的果园和别人的果园一个样子。我要使一切都按照科学方法……"

米秋林本想对他说，科学并不是魔术，但又不敢触怒这位善良的主人。

可是那个人总是自认为有学问："我用特别的烟来熏树木，用特种液体喷洒它们，冬天用特种麻把它们包起来……一切都按照科学方法！"

"不对，这还不是真正的科学！"米秋林寻思道，"只有当树木不再需要任何麻屑，不怕寒冷并能结出优良的苹果和梨的时候，那才算真正的科学啊！"

当克列契特尼科夫请米秋林品尝，他的确实不错的苹果时，米秋林想把苹果的种子带回去，他偷偷地把这些种子塞进了口袋里。

他吃完一只苹果，就把它的种子保留起来。

这一秘密被主人发觉了，就问米秋林："小伙子，你这是怎么了，拿了种子打算做什么？按照科学的说法，用种子是栽培不出优良的苹果树的，这难道你不知道吗？"

米秋林认为这是完全可能的，只不过不是容易的事，而是要经过杂交，即用另一株苹果树的花粉使它的花授粉。

米秋林把这种想法告诉了主任，于是主人沉思起来。

后来，园主人叫人把纸和胶水递给他，他粘了几个小纸袋，叫米秋林把种子分别放在小纸袋里，并在纸袋上做了标记。

"一切都要按照科学方法去做！"他对米秋林说。

当然，在当时，他也不可能猜想到这位年轻的客人——米秋林，在后来会创造出真正的园艺科学，成为伟大的生物学家。

沙皇政府不理他

　　米秋林的事业在沙皇时代，没有得到政府的任何关注和帮助。他虽然培育出许多优秀的果树品种，但也得不到推广和采用。起初，米秋林也并没打算得到沙皇政府的资助，如果从沙皇政府那里领到了补助金，便要受到沙皇政府的种种限制和管辖。

　　沙皇政府的官员对米秋林改良果树品种的重大意义一概不懂，还专门打官腔，摆官架子。米秋林若领取政府的补助金，反而要妨碍他的事业。但到后来，资金的缺乏对他果树改良事业的发展，起了极大的阻碍，第一果树需要保护；第二要扩大果园面积。做到这两项得耗用大笔的资金。米秋林没有能力去做到，于是有2/3的新果树死亡了。这个辛辛苦苦培植起来的果园荒废了。米秋林看到这般情景，想到自己多年来的汗水和心血付之东流，是何等的伤心啊！

米秋林在他自己的文章里写道："那时社会对于我的事业还不理解，沙皇政府对于我的事业更漠不关心。"他不能得到社会和政府一点点物质上的帮助，只能靠自己有限的力量来支撑这一伟大科研事业。

1905年春天，农业部农业视察员玛尔芬来到米秋林的小屋，热情洋溢地会见了米秋林并劝告他，写份报告给政府的有关部门。米秋林便同玛尔芬共同起草了一份报告给农业部。报告一方面阐述改良果树品种事业的重要，一方面提议在他的果园附近设立一个果树园艺学校。

米秋林这个请示报告送到农业部去后，好像石沉大海，一点反应也没有。农业视察员玛尔芬对此十分焦急，一方面觉得对不住米秋林；另一方面对农业部长官很是气愤，曾公正地批评了他的上司，并责骂上司没有知识，玛尔芬因此得罪了上司而被免了职。

事隔两年三个月，即1907年夏，报告书经过长时期的公文旅行之后，米秋林终于得到了农业部的回音了。他们说了一堆废话，不准米秋林的请求。

米秋林为了挽救他的事业，接着又在1908年和1910年两度向农业部递交了报告。可是农业部里的大官们认为米秋林只是一个说大话的冒险家，把他的报告搁了起来，连回音都不给他了。

米秋林陷入了无限痛苦之中，他多么希望帮助之手伸向他呀！

一直到1912年的夏天，沙皇政府才派了一位大官沙洛夫将军来访问米秋林，可是这位将军既不懂得改良果树品种，又对园艺科学没有兴趣。因此他的来访只是敷衍塞责，就连米秋林果园的门都没有跨进去，只是看了看米秋林所做的计划书，就开始吹毛求疵，说些无关紧要的夸夸其谈，甚至还说了些侮辱米秋林人格的话。至于资助米秋林的事业和建立园艺学校的事，连一个字都没提到。

沙洛夫将军来访一个月后，科兹洛夫城的大主教勃泰契夫突然闯进米秋林的家里来，开门见山要求米秋林停止果树的杂交育种工作。勃泰契夫主教说，米秋林的杂交育种工作违反了教会的道德思想，把果园变成了妓院。这番话的意思是说，树木也应该守节，不可以杂交，把这种树的枝芽接到另一种树的枝芽上，也是不道德的举动。由此可见，沙皇时代的官僚和神父是多么迷信、多么愚蠢，多么可笑呀！

另外，米秋林曾写过一份报告给"俄国园艺协会"，述说他的事业没有得到政府和社会的一点帮助，以致他的果园一天天荒芜下去了。1913年，米秋林接到"俄国园艺协会"副主雅契夫斯基的一封信，信中对米秋林对科研事业的执著追求和百折不挠的精神寄以极高评价，并对米秋林的种种困难十分同情，但又实在是无力支持。同时还转告米秋林，"俄国园艺协会"已通过聘请米秋林为名誉会员，表示对米秋林的敬意。

雅契夫斯基请求米秋林把他的科研经历写成一份报告书，同时附上果树的照片图表寄给他，登在"园艺协会"的会刊上，宣传米秋林的科研成果，这样做或许会引起农业部的注意，以求政府拨给临时救济金。

不久，米秋林写了一封长信给雅契夫斯基。感谢"园艺协会"聘他为会员，感谢"园艺协会"和雅契夫斯基对他的鼓励，并表示要继续为俄国的园艺事业做贡献，为祖国、为人民造福。

关于写报告书这件事，他并不愿意做。因明知沙皇政府是不会支持他的事业的，更何况连维持果园的正常开支还不够，哪里有钱拍照来准备报告书！

米秋林对沙皇政府是绝望了，他知道这样一个不为人民办实事的政府是不会帮助他的。沙皇政府的那些官员们只顾自己的得失，哪有谁会有时间去注意米秋林的事业呢！

米秋林和玫瑰花

在米秋林的果园里有很多美丽的花朵。

在他的园子里生长和开花的有绛红色的百合花，有雪白的水仙花，有粉红色的和浅蓝色的风信子花，有鲜红的唐菖蒲，有深色的天竺牡丹，有各种颜色的姬里白、山慈姑、紫阳花……

但是，米秋林在研究玫瑰花上所花费的功夫最多。

米秋林研究玫瑰花当然是有目的的。他极力想要培育出一种人们从来没有见过的玫瑰花，即各种颜色不同和大小不一的玫瑰花。伟大的自然改造者正是在这些花上研究植物异种交配的技艺的。

为了要达到这个目的，也需要借助于花朵授粉的方法。

人们大都知道颜色是怎样配合的吧？如果把红色和黄色配合在一起，就会变成橙黄色；如果把红色和蓝色配合在一起，就变成紫色；如果把粉红色和浅蓝色混合在一起，就变成淡紫色；如果把鲜红色和浅蓝色混合在一起，那么就会变成紫红色……

米秋林大致就是这样做的，但实际授粉技术却困难得多。

他把红玫瑰的花粉移到黄玫瑰花上，使它们交配起来。米秋林使用经过异种交配的种子，逐渐地培育出新的深橙色的玫瑰。他又把白玫瑰和橙色的玫瑰交配后，得到了非常美丽的奶油色玫瑰。鲜红的玫瑰和白玫瑰交配后，变成一种差不多是淡紫色的美丽玫瑰。

新培育的淡紫色玫瑰，还不完全是浅紫色的，稍微缺少一点浅蓝的色调。既然世界上根本没有过蓝色或浅蓝色的玫瑰花，又能到什么地方去寻找到它呢？

这是不可能的。

米秋林萌发了要培育出一种浅蓝色玫瑰花的想法。他开始观察他的白玫瑰花，他要寻找花瓣上稍微带点浅蓝色彩的玫瑰。

这样的玫瑰找到了。米秋林把这种玫瑰互相交配起来，得到了一种浅蓝色更为明显的玫瑰，玫瑰花当然还是白色的，可是它的花瓣上很明显地泛出了有点带浅蓝色的色调。

这是米秋林获得浅蓝色玫瑰试验的第一步。大家可能知道，玫瑰的生长和开花都是挺快的，它的植物界的姊妹们——苹果、梨和李子就不同了。米秋林之所以喜欢玫瑰，就是因为玫瑰具有这种特性的缘故。玫瑰对于他在异种交配的试验方面，是有极大便利的。

米秋林又把带点蓝色的玫瑰相互授粉了几次，他终于得到了一种玫瑰新品种——"蓝玫瑰之母"。虽然它的花是白色的，可是它带浅蓝的色调更明显了。

经过一个阶段的试验之后，米秋林决心要把他所有培育出来的这种带浅蓝色的玫瑰，和鲜红色的玫瑰授粉。他希望获得杂交新品种，也就是说这些玫瑰花的杂交品种所泛出的浅蓝色彩应该更加鲜明。

然而，所得到的结果跟他原来所希望的完全不一样。但是，他仍然很高兴，因为培育出来的玫瑰花既不是鲜红的，又不是白色的，而是真正的淡紫色，这样的玫瑰也正是他所幻想得到的。

　　这个胜利已经不算小了，可是米秋林并不以此为满足。他又尝试把淡紫色的玫瑰花和带浅蓝色调的白玫瑰花相互授粉，培育出来的玫瑰花，与其说是白色的，还不如说是浅蓝色的。米秋林成功了！这种玫瑰花新品种是世上首见的。

　　米秋林历经艰辛培育玫瑰花新品种的事迹，广泛传播开来，不仅传遍了整个俄罗斯，还传到了国外。爱好玫瑰花的俄罗斯人和外国人都纷纷来到科兹洛夫城访问米秋林。一时间，米秋林的果园车水马龙，高朋满座。

　　对于外国人，他照例是加以拒绝，他不肯把自己那奇异的玫瑰花小枝卖给他们。可是对于自己的同胞——俄国人，他却允许他们把玫瑰小枝拿回去栽培。

　　奇异玫瑰花的故事传到俄罗斯伟大作家列夫·托尔斯泰的夫人——索菲娅·安德列叶芙娜·托尔斯塔娅耳朵里后，她亲自来到米秋林住处，要求卖给她几株奇异的玫瑰花。她要拿回去送给丈夫——托尔斯泰，作为生日礼物。因为列夫·托尔斯泰非常喜爱玫瑰花。

米秋林很敬仰列夫·托尔斯泰。他们还差不多是邻居。列夫·托尔斯泰的庄园"雅斯纳亚·波尔纳"离米秋林所居住的科兹洛夫城并不远。

米秋林对他的贵客索菲娅说："我的玫瑰，不但一束也不卖，而且连一小枝也不卖……但是，如果伟大的作家托尔斯泰喜欢我的玫瑰花，我可以把园中最好的玫瑰花送给他。"

不管索菲娅·安德列叶芙娜跟米秋林争论了多久，劝他把钱收下，可是米秋林坚决不肯收。无奈，索菲娅只好离开了米秋林的果园。

索菲娅离开后，米秋林挑选出玫瑰花丛中最好的花，把花子和小枝小心地包起来，派人把这件珍贵的礼物送给列夫·托尔斯泰。

托尔斯泰接到礼物后，非常感激米秋林，并把自己的一部巨作——《战争与和平》回赠给米秋林。

米秋林喜爱玫瑰花，而且不停地研究玫瑰花，直到他生命的最后几天。他甚至给玫瑰花也想出了御寒方法。他把玫瑰蔓延匍匐在地上，以便在冬天里让雪把它们牢固而严密地掩盖起来，免得受到严寒侵袭。

米秋林美丽的果园对小朋友们来说，具有极大的吸引力。他们最喜欢来米秋林的果园参观。在他那奇丽的果树园里，奇花异草，珍贵果树目不暇接，园里到处都有玫瑰生长着、开着花，花有红色的、鲜红色的、金红色的、奶油色的、茶褐色的、淡紫色的、白色的和浅蓝色的。这些花，在阳光的照耀下，争奇斗艳。

耐寒的葡萄

　　科兹洛夫是位于莫斯科附近的一座小城。米秋林使葡萄在该地区落户之前，科兹洛夫城的人们如果想吃，就必须出高价向水果商购买从南方运来的葡萄。这使米秋林心里很难过，葡萄那么贵，以致普通的工人、手工业者及市民都不敢问津，只有那些达官贵人才能享用得到。

　　于是，米秋林想如果能在科兹洛夫培养出一种适于本地区生长的葡萄品种该多好啊！

　　在科兹洛夫城种葡萄，这样的事是当地人们从来没有想过的。当米秋林的近邻们听到他向南方订购了葡萄的小枝和葡萄藤的接枝，他们开始讥笑他："我们的米秋林发疯了！嘿，想得怪好，要在科兹洛夫栽种葡萄！这简直是要把黑海和白海换个位置……"

恰好，米秋林真的在这一年的春天从南方买到了"白葡萄"和"黑葡萄"两种接枝。

听到邻居们的讥笑，他严厉而又不失风趣地说："我把黑葡萄和白葡萄交配，这就是给它们互换了位置啊！"

米秋林先把订购的葡萄接枝小心地种植在一间避风而又不生火的贮藏室里。经过一段精心的培植，它们成活并长大长结实了。米秋林再把它们连根一起掘出来，移植到果园中。

幼小的葡萄枝经过一夏的生长，真的枝繁叶茂、十分喜人了。

冬天里，鹅毛似的大雪像棉被一样把葡萄藤完全覆盖了，因此它们慢慢地就不怕严寒了。先耐寒，还不是米秋林的最终目的，他想使这些葡萄藤能够在夏天结出大而甜的、皮薄而多汁的葡萄来。

这是一件很不容易的事情呀！

俄国北方的夏天短而且多雨，对于习惯南方气候的葡萄，日照时间和所需的温度是远远不够的。

米秋林为使葡萄能够适应科兹洛夫城的气候，想尽了办法！他从那些比克里米亚稍寒冷的顿河一带、摩尔达街亚、莱茵省订购了好多葡萄藤。在他所订购的品种中，有"阿斯特拉里"、"布依土尔"、"高里阿夫"、"长斯长德"等，米秋林要用这些品种来改良他的北方葡萄。米秋林对葡萄所进行的改良工作是，先搜集大而甜品种葡萄的花粉，然后用此种葡萄的花粉使小葡萄藤授粉。可是，不管他多么努力工作，任性的葡萄总不肯服从他。

米秋林改良葡萄品种的工作是艰巨而复杂的，但是他终于取得了成功。

米秋林在一部研究全世界植物的科学著作里，找到了一篇记述生长在大森林里的葡萄的文章。原来在远东太平洋附近的乌苏里荒林里，生长着一种野生葡萄。每当严冬来临之际，它用不着任何的掩盖和保护，这种特性，不知道它是变野了的，还是天生的。

米秋林按照惯例给工作和生活在远东的科学工作

者、军人和猎人们写信，恳求他们寄给他那些生长在荒林里的野生葡萄枝。他很快就收到了从乌苏里边区寄来的野生葡萄的接枝和小枝。

对米秋林的科研工作，左邻右舍的人们都讥笑他，特别是一位叫居里诺的法国水果商人。他嘲笑米秋林说："您完全失去理智啦，米秋林先生"，"您打算用这些玩意儿做什么？"

米秋林对邻里的讥讽和洋人的嘲笑全然不顾，全身心地投入葡萄的改良工作，让葡萄在科兹洛夫安家落户，让它们为人类造福！

经过多年的摸索，米秋林早就想好了该怎么做。他把大森林里的野生葡萄和南方优良品种葡萄交配，然后把所得到的杂交种葡萄和在他果园里早就生活习惯了的"白"种和"黑"种葡萄嫁接起来。

时间一点点地过去了，一串串沉甸甸的、多汁甜美的北方大葡萄终于在米秋林的果园里那一棵棵粗壮的葡萄藤上成熟了！米秋林及其家人都高兴极了，而当初那些不相信米秋林科研计划的嘲笑者们都觉得很难为情。

法国水果商居里诺尝了尝米秋林培养出来的葡萄

后，羞怯地说：

"请原谅我，米秋林先生。您真是一位奇迹的创造者……只怕我现在不得不歇业了。"

米秋林虽然讨厌这位外国商人，但是仍然安慰他说：

"我不打算拿自己的葡萄来做买卖……如果有人要栽培我的葡萄，我可以向他提供些接枝和小枝。"

米秋林在俄国寒冷的北方栽培成功了杂交葡萄的事，很快传遍了俄罗斯各地。农民、工人及其他许许多多人都纷纷写信给米秋林，或亲自来到米秋林的住地，向他索要葡萄的小枝。对于人们的要求，米秋林都非常愿意满足他们，把葡萄小枝和接枝送给他们。

米秋林的葡萄新品种在北方各地安家落户了，甚至在北纬65°的阿尔汉格尔斯克和沃洛果达省，也不难看到米秋林的葡萄。

俄罗斯北方的居民们，待到秋季，在自己的果园里从米秋林的葡萄藤上收获好多好多葡萄的时候，心情无比喜悦。他们十分感激这位伟大的自然改造者，感谢他大胆地把南方葡萄移植到北方来的创举。

顽皮的孩子们

　　1888年米秋林在科兹洛夫城外的克鲁契山脚买下了一块土地，第一次创立了有关植物杂交改良工作的养殖园。到1896年，米秋林的苗圃里已有数千棵李子、杏、葡萄及樱桃的幼苗。1900年，45岁的米秋林经过12年的研究发现，培养优秀的耐寒杂种树苗，需要严苛的土壤条件，肥沃的土地减少了杂种幼苗的耐寒性。因此他决定给果园搬家，选择新园址。结果他选择了距科兹洛夫城1千米的顿斯卡雅村附近的一块荒芜的沙土地，作为果园新址。不久果树被完全移植过去。在这里，米秋林一

d四。

秋林新果园像一座宅子一样坐落在河湾上。这座果园所占的地面好像一个半岛。果园附近有两个大村庄：顿河乡和潘斯克村。

无论是附近乡村还是城市里的孩子，他们都对米秋林的果园感兴趣，尤其是对那些顽皮的孩子更有吸引力。不过，他们的兴趣对米秋林的果园是不利的。这是俄国十月革命以前的事，那时候孩子们的家长对米秋林的为人和所从事的事业，连自己都不清楚，又怎能谈上向孩子们解释米秋林是怎样的人，更谈不上教育他们要尊敬伟大的科学家、尊重他的研究成果了。

孩子们时常闯入米秋林那座奇异的果树园，他们有时从栅栏上面爬进去，有时在地面上挖个洞，由栅栏底下钻进去。每当主人不在的时候，孩子们就自己当家了，爬上果树，摘下苹果和梨，甚至青果都不能幸免。他们把能吃的果子带走，将不成熟的涩果扔满地，还不时地把树上的枝丫整个折断。果园被他们搞得一塌糊涂。

为这事，米秋林苦恼极了。

有一次，他等待着一种新品种苹果的问世。他注视着、期待着那些从来没有过的苹果是如何成熟的。

他又来到果园。当他走到那棵苹果树前，往上一看，"啊！"他惊奇地跳了起来。树上的苹果被洗劫一空！此时，他再也不敢相信自己的眼力了，是不是看错了。他有意识地睁大自己的眼睛，细细地察看。果真只有空空的树枝，顽皮而愚蠢的孩子们没给他留下一个苹果。眼看着到手的科研成果不见了，他痛苦极了。

也许你会问，米秋林为什么不严加看管呢？

米秋林那时很穷，而且沙皇政府也不帮助他。他没有力量雇人来看管果园，即使是养几条大狼狗，他也养不起，因为他们的食量太大了。他只养了一条黄毛小猎狗，但光靠它来看管整个果园，实在是无法办到的。

淘气的孩子们不光在夜晚，就是白天也会跑到米秋林的果园里，在那里任意践踏。他们总是成帮结伙地行动，并有专人望风，只要稍有点风吹草动，便像小山羊一样一溜烟地逃散了，或者像青蛙似的跳入河里，只见水花不见人。

孩子们当中，有个叫巴甫洛什卡的男孩，长着满头的褐色卷发，个子不高却十分结实。他善爬树，爬起树来好像个小松鼠；却不善跑，跑起来左右摇摆，像小狗熊一样笨。偷袭果园，这个巴甫洛什卡是阵阵少不下的。

米秋林决心要治治他们。

有一回，米秋林埋伏在果园的角落里，守候着巴甫洛什卡和他的伙伴们。

等呀等，目标终于出现了。

"看你们还往哪里跑！"米秋林一把抓住巴甫洛什卡的肩膀，大声喝道。

巴甫洛什卡的伙伴都跑走了。

米秋林打量着这个孩子。

此时，巴甫洛什卡吓得脸色苍白，浑身上下直哆嗦，就像微风吹拂的树叶一样。

头发乱蓬蓬的巴甫洛什卡心想："这回我可完了！"

米秋林只是使劲地摇晃着他的肩膀，对他说道：

"你们这些孩子竟跑到我的果园里偷果！怎么不知羞耻呢？要知道，这不是一般的果树园！而是我为了你们，为了你们的父母，为了大家种植起来的。你们不懂，这些苹果树、梨树、樱桃树都是无价之宝！这些梨树和苹果树比黄金还要贵重。你摘掉一个美丽的苹果，吃掉就算了。可是我用它，用这只苹果，用它的种子，可能培植出你们在梦里也看不到的苹果树啊！"

米秋林继续说："你们都享受现成的。我还打算请客呢，可是现在还没有准备好呢。等到准备好了，我会亲自请你们来参加。我要把桌子摆好，放上一大堆苹果、梨……我的朋友们，吃吧！唱起歌跳起舞吧！祝贺米秋林成功吧！"

此时巴甫洛什卡仍然在发抖。

米秋林拉着小家伙的手，走到一棵小苹果树跟前。这棵小树上坠满了绿绿的苹果，树枝都被压弯了。果子还未成熟，然而各个显得那么精神，十分诱人。

米秋林指着树上的苹果说："你瞧瞧这棵树，再看看那几棵。你们把这些小果摘下来咬上一口就扔掉了，可是你们知道吗，这是我花费几年心血的结果啊！你们即便跑遍克里米亚、乌拉尔……也找不到这种苹果的。我是一年一年的等待着、保护着、培养着这些新品种。

我要等待10年，甚至15年。可是你们闯进我的果园，不用一小时的功夫，就把我的整个事业给毁了！"

米秋林领着巴甫洛什卡满园走，把各种果树都指给他看，责备他，开导他。对巴甫洛什卡来说，这是可怕而有意义的游园，他从米秋林口里得知了很多有趣的事。

"也许，等你长大了，你自己也来培植新品种的苹果、梨什么的，到那时候你就会明白我今天对你说的话喽。"

巴甫洛什卡渐渐停止了颤抖。米秋林的一席话，使他的心灵受到了巨大的冲击，他难过的几乎要放声大哭一场，真想有个地缝好钻进去。

"如此说我，真不如痛快地打我一顿倒好些！"巴甫洛什卡暗地里想。

看完果园，米秋林并没有放掉这个顽皮的孩子，而是把他领到了自己家里。

米秋林的妻子亚历山得拉·瓦西里耶芙娜，看见巴甫洛什卡就问米秋林：

"你领来的是谁啊！"

　　"我领来了一位客人，他叫巴甫洛什卡"，米秋林面带笑容地回答着。"快拿茶和果酱来"。

　　等巴甫洛什卡坐定后，亚历山得拉给他倒了茶。米秋林一边把一大块抹了樱桃果酱的面包放在他的面前，一边说："吃吧！"

　　巴甫洛什卡受到了热情的招待，越来越感到不好意思，羞得面红耳赤。他再也忍不住哭了起来。

　　"你哭什么？害臊了"，米秋林问。

　　"害臊了"巴甫洛什卡嘟哝着说。

　　"你还偷苹果？"

　　"不偷了！"

　　身为"孩子王"的巴甫洛什卡回家后，把小朋友们召集在一起，下命令似地说："今后，谁也不许再偷'长胡子'伯伯（孩子们对米秋林的称呼）的果子啦！谁要是再敢偷入他的果园，我就打断他的肋骨。你们都听到了吧！"接着他还说：

　　"到时候'长胡子'伯伯会叫我们去的。"

　　从此以后，孩子们都听从了他的话，再也不侵扰米秋林的果园了。

我决不离开祖国和人民

　　北美洲，美国的北部有很大一块土地，就是加拿大，每年冬天都非常寒冷。1898年，这一年冬天加拿大气候冷得特别出奇，他们绝大多数樱桃树品种，不论是美洲种的还是欧洲种的，都被严寒冻死了。只有一种樱桃没有冻死，那就是米秋林在科兹洛夫城培育出来的，而传到加拿大去的品种。

　　加拿大人发现米秋林种的樱桃有这样大的耐寒力，非常惊异，他们给这种樱桃取了一个名字，叫"多产的米秋林樱桃树"。

米秋林种樱桃成功的消息从加拿大传回俄国，沙皇政府才想起米秋林的事业，不久又遗忘了。米秋林培育果树品种的事业，始终没有得到政府的注意和帮助，果树新品种无法推广。

　　加拿大樱桃大面积被冻死后，有位加拿大园艺工作者给米秋林写来一封信，满纸称赞他的成功。再三请求他多培育一些新的果树品种，尽可能多地寄给他们。

　　虽然是一封赞扬和请求的信，但是米秋林并没有着急地去满足海外园艺工作者的要求。

　　"我首先应该为祖国人民培育出新品种"，他心里思忖着。

　　米秋林的名字在加拿大传开以后，引起了美国人的注意。过了不久，美国政府农业部派了两位专家来到俄国。一位名叫弗兰克·诺利斯·麦奥尔教授，到俄国的科兹洛夫来找米秋林，想让他移居到美国去。

　　与麦奥尔教授同来的是一位名叫伯尔德的富商，美国人做什么都讲生意经，来访问一位大科学家，还派一名富商一起来，显然是不怀好意，想用金钱来收买米秋林的科学成果，作他们私人谋利的工具。

　　他们来到米秋林的果园，走到米秋林的住处，敲了敲门，出来开门的正是米秋林自己。当时美国教授穿着一件方格大衣，戴着一顶呢帽，很是考究，可是出来迎接他们的米秋林却穿得很朴素。在美国人看来，一位大科学家是不会这样朴素的，因此教授以为他是米秋林的园丁呢。

　　那位美国富商伯尔德呢，他把四周望了望，觉得这个果树园的规模不够大，似乎不像是闻名世界的米秋林果园。他问米秋林，这里是不是另外还有一个米秋林呢？

　　米秋林很镇静地站着，淡淡地对这两个美国人看了一眼，二话没说。

　　那两个美国人看到，站在他们面前的这个人举止不凡、彬彬有礼。很快就猜到了：这个人，就是米秋林。

　　沉默一会。

　　教授才又打开话匣子，对米秋林说：

　　"真叫人奇怪和不明白，米秋林先生，为什么你们的政府不给您足够的佣人呢？"

　　当时沙皇政府丝毫不关心米秋林的科研工作，更谈不上给他雇用工作人员了。

美国人接着说："使人奇怪的是，您光是一个人，又没有任何帮助，居然能创造出一座奇异的果树园来？"

"有没有规模大一点的果园？"富商接着问道。

米秋林回答道："为什么要大规模的果园呢，就请到园里去看看吧！"

伯尔德与教授迈进了果园，面前的情景，让他们发愣，眼神都不够使了，那时候米秋林的果园确实是美丽的，到处都是鲜艳的花朵，肥大的果实，五光十色，十分诱人。

在"基泰伊卡"品种的苹果枝上悬挂着美丽、硕大的、多种多样的新品种："千基利·基泰伊卡"、"沙福兰·基泰伊卡"、"别弗略尔·基泰伊卡"。在另一些树上著名的米秋林梨："冬天别列"、"胜利别利"等，争奇斗艳真有说不出来的情趣。这些梨都是甜蜜的、多汁的、香喷喷的，一入口就像奶油一样融化了……

米秋林还培育出许多品种的樱桃和李子。

米秋林指着葡萄和杏让客人看。他说："葡萄是北方的，杏是耐寒的"。虽说米秋林的果园不算大，但果园里宝贵的东西太多了！有红莓"基干特"，有黑莓"伊佐比里娜亚"，还有像桃那么大的浆果——红酸栗，还有多种玫瑰，多种百合等。

麦奥尔教授亲眼看见了米秋林的科研成果，十分敬佩，连声说："太好了，太好了"，随后便向米秋林鞠躬致敬。

麦奥尔接着便用花言巧语来骗他出卖其科研成果。教授说："米秋林先生，我是美国政府派来请您到美国去的专使，我们美国人都非常富有，能够把您所有的果树买去，把它们从泥土里连根挖出来，包装好，装上轮船，载着您的全部财产和家眷一起到美国去，您一家人可以过上很舒适的生活。只要您愿意，这一切立刻就办。"

米秋林是热爱祖国的，他的心同俄罗斯黑土地紧紧相连。用金钱收买米秋林是万万办不到的，他坚决地拒绝了美国人的请求。

这时，米秋林就把自己看了加拿大人来信后的感想，大声地讲了出来。

　　"我决不离开祖国的土地和人民，我要一生一世为他们工作。"他这样果断而骄傲地回答了美国人。

　　听罢后，美国人又劝说了好一阵子，用多种好处和利益拉拢和引诱米秋林。可是米秋林连听都不愿听了。

　　无奈，只好回敬了一句："讨厌，烦死人了！"

　　美国教授麦奥尔和富商伯尔德只得两手空空、没精打采地回到大洋彼岸老家去了。

　　但是美国并没有就此死心。

　　不久，米秋林接到美国政府写来的一封信。

　　信上又重述了种种诺言和劝诱。

　　"您可以在美国给自己选择任何一块只要是您米秋林先生中意的地方，甚至可以选择一块使您想起您的俄罗斯住所那样的地方。"美国人这样写道。"随便要多少助手，我们都可以提供给您，此外，我们每月还给您八千美元的薪水……"

　　这一切的许诺也丝毫没有打动米秋林的心。

　　米秋林写了回信，拒绝了美国政府的要求。回信写道："谢谢贵国政府对我的邀请，我不能离开祖国和人民，我要为他们工作到生命的最后一息……"

　　米秋林是何等热爱自己的祖国和人民呀！如果想到那时米秋林的困苦情形，就格外容易了解他这种举动的可贵和伟大。由于沙皇政府的冷落和漠不关心，他不得已把微薄收入的大部分用于科学试验，用于发展自己的果园。因此，他和他的家人只得常常啃又黑又硬的面包，喝最便宜的茶。

　　米秋林是一个真诚热爱祖国的人。他清贫，清贫得高尚，依然不理睬美国人的诱惑，我们备感米秋林品格的光辉和伟大。

爱妻之死

  在黑暗的沙皇统治时代，米秋林进行着伟大的科研工作。他没有资金，雇不起工人，主要的重活都由自己来干。他的帮手只有他的妻子亚历山得拉·彼得洛西娜、女儿玛丽亚及孩子的大姨，他们共同工作、同甘共苦。

  1914年，在米秋林年近垂老之时，他自述道："岁月逝去了，力量耗尽了，为了公众的利益极端屈辱地工作了这么多年，竟是枉然。老年时自己却还没有任何的保障……"从他的自述里，我们可以看出米秋林在沙皇统治时代是何等的孤单和困苦！可是他为了祖国和人民，为了自己心爱的科研事业，还是坚定不移地工作下去。

1914年，帝国主义间争霸的第一次世界大战爆发了。米秋林对这场大厮杀十分厌恶，他从战争开始直至整个二月革命期间，未曾离开过自己的果园。然而，战争给米秋林经营的果园带来了更大的困难，经济情况也越来越坏。

1915年，对米秋林来说，真是祸不单行。

这一年的春天，米秋林遭到了更大的不幸。原来，春雨下个没完，造成河水泛滥，洪水涌入他的果园，把果园给淹了。雨后，气温骤然下降，冷得厉害，水都结了冰。后来，河水虽然退去了，可是园子里长了两年的树苗不是被冻死，就是被淹死了。米秋林面对这些死树苗，难过的心情是无法用语言所能表达的。

"这算不了什么！我要坚强起来，克服眼前的困难……"他自言自语地说。

"说干就干。"

米秋林不分白天黑夜地干，把死的树苗挖掉，整好地，开始培育新苗。果园又出现生机盎然的景象。

这一年的夏天，科兹洛夫城发生了霍乱。此时的沙皇政府正忙于帝国主义战争，对人民的死活置之不理，导致霍乱病的流行，严重地威胁着人民的生命。

　　在霍乱的大流行中，米秋林最亲密的助手和妻子亚历山得拉感染上了霍乱病，却没有钱医治。米秋林万分焦急和痛苦，眼睁睁地看着妻子离开了自己和家人。

　　亚历山得拉死后，米秋林更感到悲伤和孤独，但他有的是火一样的为祖国人民创造奇迹的热情。虽然遭到种种不幸，却始终坚持他心爱的工作。他的工作信心丝毫没有动摇。

聪明的青蛙

米秋林总是全面而深刻地研究对科研工作有利的一切东西。他很熟悉民间关于辨识天气的征兆。虽然米秋林有一个很好的晴雨表，这个是作为一个优秀的传说。不过那些农民老头儿只是相信自己所知道的征兆，而作为一个科学家的米秋林则极力设法给这些征兆找到正确的科学解释。

夏天，一个暖和的傍晚，米秋林在果园里做完了许多的日常工作后，向陡峭的河岸走去。伏尔加河恰好在他的苗圃旁边流过。米秋林有时喜欢拿着那支心爱的钓鱼竿，在那里坐上一两个小时。

如果鱼在昏暗中能够上钩，这意味着上面一层河水不会变凉，用不着躲避从北方（也就是河的上游）来的寒流了。鱼类对于寒流的感觉是十分灵敏的。如果气候要转冷，鱼儿就不喜欢游到河面上来，这时候用任何鱼饵都别想引诱它们上钩了。

米秋林就是这样地坐在自己果园旁的河边上，留心地观察着这一切。

对岸的草地上有几匹马在吃青草。如果它们静静地走，不把颈铃摇得过分响，特别是不在草地上打滚，这就是说，明天不会是阴天，也不会下雨。在潮湿的阴雨天，雨水将临之前，牲畜身上毛的水分就会增加，这时它们浑身发痒，有时脚发痒，有时头发痒……因此它们就会在草地上打滚，头上的铃也就响得越频繁，越刺耳。

又有一个征兆被解释得很正确，很科学。假如燕子在河上飞得很高很高，打破落日余晖所照映的明朗而静悄悄的天空，米秋林会确切地知道，明天早晨是晴天。燕子所获取的各种小虫，在阴湿的天气来临之前，就会低低地飞向地面和水面，燕子也只有低飞觅食了；而在晴天来临之前，各种小虫则向高处飞，燕子此时不是在水面和地面上滑过，而是在肉眼勉强能够识别的高空上疾飞。

人们在几千年的生活实践中，积累了许多预测天气的征兆，它们既不知道晴雨表，也不知道其他能够预测天气的方法。对这些天气征兆能给予科学的解释不是一般人所能做到的。

除上述各种气候征兆外，米秋林还发现另外一个征兆。如果河里的青蛙在傍晚时从河边的青草里、或者从青苔里爬上岸，这就意味着暑气将临。小小的两栖动物，是想利用夜晚来乘凉，顺便在岸上吃个饱。

米秋林观察着一只青蛙，它预报天气十分精确，并不比他那个晴雨表差。

有一次米秋林捉到几只小飞虫，把它们放在手掌上，向青蛙伸过手去。你们想会怎么着？青蛙眨了眨眼睛，用它那长且分叉的小舌头，舔走了米秋林手掌上的小飞虫。

"好样的，你真勇敢，真聪明，你莫非就是童话里所说的青蛙公主吗？"米秋林高兴地说。

第二天，米秋林照例到河边钓鱼。他随处观察着，竟发现那只青蛙又从河边的草丛里爬出来了。

看到这般情景，米秋林不自主地笑了：

"喂，是你呀。真是个聪明的小家伙！你是不是想和我交个朋友哇，好吧，既然这样，我们就交个朋友吧。"

长此下去，只要米秋林来到河边老地方钓鱼，那只凸出乌黑眼睛、蹦蹦跳跳的青蛙，马上就会跳到他跟前来。

"唔，它和画家在童话书里所画的青蛙公主是一模一样的……"后来米秋林笑着对别人说："或许，正因为它的头比别的姊妹大些，所以它就很聪明吧。"

从此以后，这位"青蛙公主"经常从米秋林手掌上舔食小飞虫，甚至不管阴天下雨，总是跳到河岸的小土堆上来。

不久，这位四条腿的小客人居然开始跳到果园里来，找小飞虫吃，或悠闲地呱呱叫……米秋林在果园靠河边的小道，不只一次地遇到它。

"呀，你这小东西！真好学习呀。想来看看果园吗？好，看吧。但可别忘了你自己的天职，正确地预报天气啊。"

米秋林直到死前还记着这件事。讲述这件事的时候，总是悲伤地说：

"这只可怜的小家伙，终于因为我而死去了！有一次，'顿河乡'的一个男孩子拿着渔竿，恰巧坐在我平常所坐的那个固定的地方，我的'青蛙公主'大概把他当做我了，从河里爬了上来，跳到小男孩跟前想去吃佳肴，可是那个孩子用鱼竿一下子就把它打死了。我来迟了。只看见它的尸体躺在地上……"

"你为什么把它打死，它对人们有益呀……"米秋林责怪地对小男孩说。

米秋林失去一只小青蛙，就像失去亲人一样地伤心。

作为一位伟大的自然科学家，米秋林平时对自然界的一切都给予极大的关注，观察它、研究它，这对整个人类来说，具有很大的教育意义。

天高任鸟飞的时代

　　米秋林充分发展事业的时代终于到来了。

　　1917年伟大的十月革命胜利了，革命的成功给他带来了在沙皇政府时代梦想不到的一切。1917年十月革命当时，虽然街道上还在宣战，米秋林还亲自跑到刚刚成立的县地方工作委员会那里去说明自己的愿望："我愿意为新政府工作。"县苏维政府在工作十分繁忙而紧张的时刻，却毫不迟疑地给米秋林及其家属以必要的援助。

　　革命后，有一些知识分子和科学家还不完全相信这个新政府，他们还不了解这个新政权。

米秋林现身说法地劝大家："我迎接了十月革命，因为它的正确性和必然性是历史上应有而必需的。我立即呼吁全体忠实的农业专家们倒向苏维政府一边，毫无保留地走向工人阶级和共产党的道路上去。对于认为'与其求新，不如固守'的那些人，我回答说：'当全体不可抗拒地冲向前去时，你决不能拉住一部分不放。'米秋林号召农业专家，拥护苏维动乱政权，全心全意为人民服务。"

1918年，米秋林为政府的农业人民委员会服务，新政府保证给他工作助手和各项必需品，使他更能发挥自己的才能，为伟大的科学研究工作而努力奋斗。

1919年，新政府得到米秋林的同意，把他的果园改为国有，由国家经营。此后，并不断以大批干部、资金、物资保证了米秋林果园的一切需要。米秋林便开始把世界各地所有的果树差不多都搜罗到他的果园里来了。在十月革命以前，他的果园中已经有约800种的原种果树植物。

在1919年，当米秋林的果园移交给俄罗斯社会主义

联邦共和国的农业人民委员会时，果园里已经育成了150
余种浆果植物、工艺作物和瓜夹植物等新品种。

列表如下：

植物名称	新品种数目
苹果	45
樱桃	13
西洋樱桃	6
叭哒桃	2
葡萄	8
红草莓	4
黑醋栗	4
青醋栗	5
桑树	2
番茄	1
核桃	1
烟草	1
梨	20
李子类	15
杏子	9
木	2
红醋栗	6
荷兰莓	1
山梨	3
白槐	1
蔷薇果	1
甜瓜	1
百合	1
黑莓	4
合计	153种

1921年，开了一次米秋林果树新品种的展览会，成千成万的农民和政府工作人员都来参观，对于他的成就都非常钦佩。

　　1923年，在莫斯科举行第一次联邦农业展览会中，米秋林果园得到了苏联执行委员会的最高奖状。11月，苏联人民委员会颁布条例规定该果园为具有全国意义的一个科学实验基地，并将915公顷的土地划归米秋林果园。

两位新助手

米秋林吃过午饭，坐在门口的台阶上，拿刚吃剩的面包屑和粥在喂家禽。他很喜欢禽和鸟，因为它们能清除果园里有害的蛆和虫类。

一天，他忽然听到屋角后面有坚实而清脆的军人式步伐声。

"这可能是谁呢？"米秋林自语地说。

过了片刻，在他面前出现一个穿灰色军大衣和戴军帽的青年。根据帽子上五角星印迹来判断（五角星被拿掉不久），说明这位来人退伍归来时间并不长。这是

1921年的事，当时内战还没有完全结束。

退伍军人站在米秋林面前，行了个军人举手礼。

"你是谁？"米秋林问。

"请允许我向您报告，伊凡·符拉基米罗维奇，我是刚刚被派来的本县园艺工作指导员，我叫奥西普·高尔什科夫。"年轻人恭敬地说。

米秋林说："原来是这样！你来找我做什么？是来学习，还是来指导。"

"当然是来学习！"这个青年毫不迟疑地说。

这个回答使米秋林很满意。

"也许，有些东西得重新学习呢？"米秋林谦和地说。

"什么都准备好了，伊凡·符拉基米罗维奇！布尔什维克党派我来见您，来做您的助手。"年轻人又行了个军礼。

"谢谢党！假使你适合做我的助手，我当然很高兴地接受你。"米秋林说。

"请您考我一下吧？伊凡·符拉基米罗维奇！"奥西普·斯杰潘诺维奇·高尔什科夫勇敢地说。

"你要接受考试吗？好吧，我们就开始吧……"

米秋林就园艺工作和园艺科学的一些问题，把高尔什科夫考了两个多小时。他问这位军人树森剪枝法、人工授粉法、怎样保护树木、防治树木病虫害、识别果实和果实分类及如何采摘和收藏等问题。

当米秋林不时地用善良眼光望着他，并摇头说，"不，这个你弄错了，奥西普·斯杰潘诺维奇……不是这样，而是这样……"高尔什科夫不只一次地冒出了冷汗。

高尔什科夫紧张的状态，米秋林看在眼里常给他解围。向高尔什科夫解释说，这个问题应该这么回答才对，那个问题应该这样解释才正确……

这次严格的考试，对高尔什科夫来说，是顺利和成功的。

"高尔什科夫，有些地方你弄错了，这是可以改正的。将来和我一块工作，你可以理解这一切、研究这一切。"米秋林这句话意味着，他接受了年轻人做他的助手了。

听完了米秋林的这番话，高尔什科夫从心里高兴，当老科学家助手的愿望实现了。

第二天，高尔什科夫来到米秋林果园上班，成为米秋林的助手。

高尔什科夫上班的第一件事：要在苏维埃政府新拨给的土地上，栽上果树新品种。

高尔什科夫把米秋林交给的任务完成得十分好，取得了米秋林的信任。过了不久，米秋林不光是叫他做助手工作，而且让他做自己的代理人。

米秋林的果园不断扩大。在管理方面，对年迈的米秋林来说，越来越感到困难了。

虽然高尔什科夫在管理方面做了很多工作，不久，觉得难以应付了。

就在这个时候，碰巧又来了一个助手。

一天傍晚，米秋林到自己的果园去，看见一个二十多岁的个高高宽肩膀的年轻人，在一条小路上不安地走着。他手里拿着制服帽，风吹拂着他那淡黄色的卷发。

"这个人好面熟呀！"米秋林这么想着，可是一时又想不起何时何地见过他。

这个青年，一看见米秋林，立刻就跑到他跟前，兴奋地说：

"伊凡·符拉基米罗维奇！您大概已经忘了我吧……我就是15年前被您在果园里捉住的那个巴甫洛什卡呀。那时候，您不但没打我，甚至还请我吃果子酱呢……"

"噢！这么多年不见，你长高了，成一个大人啦！"米秋林一边笑，一边拍拍他的肩膀说。

原来，巴甫洛什卡，在过去几年中念完了农业专科学校，并获得了果树栽培专家的称号，如今到米秋林果园工作，那太合适不过了。

"那么你这回到我这里来，是为了过去那件事向我道歉呢，还是想来为我的园艺事业服务呢？"米秋林亲切地问道。

"一是为了道歉，二是愿意到您的果园工作，即使当一个看园人也好，只要能在您的身边学习就行。"巴甫洛什卡说。

米秋林听着，笑了笑说：

"看守果园的工作，可以找别人来干，而你，我当然接受了。园里的事情足够你干的了！"

巴甫洛什卡，从前是个顽皮孩子们的头头，现在成了伟大生物学家米秋林的第二个助手了。他没有忘记那次从米秋林那里得到的教训。那次游园、喝茶和吃掺和着泪水的果酱，对他的成长是很有益处的。

米秋林非常喜欢他的两位助手：高尔什科夫、巴甫洛什卡。他很器重他们的才华，也帮助他们不断成长，成为事业有成的人。

由米秋林推荐，巴甫洛什卡被科学院接纳为研究生，进一步加以深造。

几年过去了，巴甫洛什卡获得了科学院授予的生物学博士称号。同时，苏维埃政府在科兹洛夫城建立了一所规模很大的园艺研究院，经常有几十个青年科学家在那里从事研究工作。

米秋林在高兴时，对他的学生和助手们说：

"高尔什科夫，我绝不放你到别的地方去。没有你，我们的园艺事业就会陷于停顿……而巴甫洛什卡应该去取得科学院院士称号，把咱们的园艺事业更进一步地发展起来……"

米秋林的预言果然实现了。

米秋林逝世后，他所遗留下来的米秋林果园和苗圃，全由高尔什科夫来主持了。

而巴甫洛什卡，即从前那个头发蓬乱的、赤脚的孩子，如今光荣地获得了苏联最高学者荣誉——科学院院士的称号。

他们两个人都在高举着米秋林的关于人类改造自然学说的大旗，继续前进。

列宁和苏维埃政府的关怀

1921年末，苏联革命以后的外国武装干涉和国内战争虽然刚结束，但伟大的革命领袖列宁早已注意到了米秋林的科研工作。

1922年2月18日坦姆包夫省执行委员会接到苏联人民委员会议拍来的一封电报：

"栽培新植物的实验工作，对国家的意义重大。速速送来关于科兹洛夫县米秋林的经验和工作情况的报告，以便转交给人民委员会议主席列宁同志。望遵办。"

列宁如此关心米秋林的事业，因为列宁深深地知道，米秋林的事业，是可以增加农业收入，改善人民的生活的。

1923年，列定派了他的战友全苏中央执行委员会主席加里宁访问米秋林。他和米秋林进行了一次长谈，并且仔细参观了米秋林的果园。米秋林向这位贵宾详细地介绍了自己的科研情况，如何在自己的果园里，耐心地培育出许许多多奇异的果树新品种及它们结出美丽、肥大的果实……

临别的时候，加里宁问米秋林："还有什么困难吗？"

"缺乏资金和土地。"米秋林回答说。

这时加里宁靠近米秋林，并紧紧地握着他的手说：

"今天我看到的东西完全出乎我意料，我们的国家有这样的科研人员是值得骄傲的。至于困难问题是完全可以得到解决的，只需打个报告就可以了……"

这次访问以后，加里宁又送来一封信和一点礼物给米秋林，表示对米秋林工作的肯定和敬意。

米秋林要扩大他的果园，缺乏资金和土地，便向政府打了个报告。当加里宁看到报告后，马上责令农业人民委员会立刻办理。1923年，米秋林得到当地政府的帮助，果园扩大了。

就在这一年，莫斯科举行了全苏农业展览会，米秋林的新品种果树，引起了参观者极大的注意，米秋林还得到了专门委员会的最高奖。米秋林的名字立刻传遍全苏联。各地的同行们寄信给他，向他求教和与他探讨问题；有的还把各种不容易找到的果树种子送给他，这对米秋林的实验是很有帮助的。

米秋林对伟大的人民领袖列宁是怀有深厚感情的。1924年1月21日，列宁与世长辞，当他听到这个不幸的消息后，悲伤到了极点。他向果园中的助手们说：

"列宁在七年里所做的善事，要比全世界所有的伟人在一百年里所做的善事还要多，列宁万岁！"

米秋林这几句话后来成了名言，被全世界无产者经常引用。

列宁逝世后，米秋林找到了一张列宁像，把它装在玻璃框里，挂在自己的工作室里，时时看着他，时时缅怀他。

1925年，是米秋林70寿辰。根据中央、地方党和苏维埃的决议，10月25日在科兹洛夫城举行盛大的米秋林事业周年纪念会。各地来参加纪念会的人很多，加里宁和在《真理报》工作的列宁的姐姐乌里扬诺娃，都打电报给米秋林，对他表示敬意和祝他健康长寿！苏联中央执行委员会，将当时苏联最高的勋章"红旗勋章"授予他，还给他终身养老金。这表明苏联政府对米秋林是何等的关心、奖励和爱护呀！

这次纪念活动以后，米秋林精神抖擞，改良果树品种的事业，很快发展起来。他培育了更多的新果树、新品种的苹果、梨、李子、樱桃、杏等，并把它们推广到全国各地去。各地的需要太多了，树苗和接枝总是供不应求。

1928年，米秋林果园改名为"米秋林果树浆果作物选种遗传学研究站"，成为园艺科学的研究中心。1929年的秋天，苏联政府在科兹洛夫城创办全国第一所果树浆果选种技术专门学校，即"米秋林果树浆果选种技术学校"，实现了米秋林多年来想创办一个研究果树选种工作的专门学校的理想。

1930年2月20日，中央执行委员会主席加里宁第二次访问米秋林，详细了解米秋林的健康状况与果园的需求，并重新采取了许多政策以帮助将来米丘林的工作。

苏联部长会议，在1931年6月7日通过，将"列宁勋章"授予米秋林。这是因为他在培育果树新品种方面有特殊成就，又因为他的工作对国家有特别重要的意义。

"列宁勋章"当时还刚刚制定，谁若能得到它有多么不容易啊！又是多少光荣啊！当米秋林接受这枚勋章时，不禁想起了列宁生前对他的关心和帮助，他的眼泪吧嗒吧嗒往下掉。

不久，科兹洛夫苏维埃大会，将苏联政府的奖品授予米秋林。米秋林激动地说：

"列宁勋章鼓舞着我，我要努力研究果树的新品种，来实现列宁的遗训。"

大会又提请政府将科兹洛夫城改名为米秋林斯克，来纪念米秋林。1932年，苏联中央执行委员会主席团通过决议将科兹洛夫市改称为米秋林斯克。

十月革命以后，米秋林事业大大发展起来了。这同苏联政府重视科学事业是分不开的。政府创办了许多国营果树农场，推广了米秋林新品种的果树，又创办了许多果树研究所、农业学校和农业工作站，来从事果树改良的研究和实验工作。又将"米秋林果树浆果选种遗传工作站"改为"米秋林中央遗传实验所"，增加了科研人员和资金，增添了设备，规模扩大了很多，它成为苏联果树园艺最大的研究中心。

米秋林帮助组织了许多学术工作队，到边远地区，去搜集新的植物和种子，供改良植物品种用。

譬如在1931年，米秋林听到有人说：在苏联中亚地区，哈萨克斯坦境内的喀拉泰乌山脉中，有一种草本的橡胶植物，名叫泰乌萨盖斯。这种植物的根很肥大，将它的汁榨出来，可以制成橡胶。米秋林不顾年迈体弱，亲自到喀拉泰乌山找到了这种宝贵植物的种子，从事试验，并获得了成功。不久，这种草本的橡胶植物，在苏联普遍种植，获得了极大的经济价值，橡胶已能自给，不必再依靠外国输入了。

又譬如1932年，米秋林亲自组织了共产主义青年团的学术工作队，到远东的乌苏里江——黑龙江地区的大密林里，找到两百种新植物的种子，接枝和树木，拿来供给米秋林研究所做选种实验。

西伯利亚的大皮袄

　　1927年，苏联政府为了纪念米秋林的工作成就，摄制了《南方的坦波夫》电影，使米秋林的成就和改良果树的方法得到普及。

　　米秋林的名字和工作业绩传遍了四方，前来求援的人络绎不绝。

　　有一次，米秋林的果园里来了一个陌生人。这个人和许多别的参观者不同，他对玫瑰最有兴趣。别的人是欣赏苹果和梨，而这个人却目不转睛地看玫瑰。

　　米秋林培育的玫瑰在地上蔓延，以便在冬天里，让白雪像大皮袄一样，把它们包裹起来，防止严寒的侵袭。

这个陌生人整天在米秋林的玫瑰四周走来走去，老是用心地观察着玫瑰，甚至还蹲下用尺量，看看玫瑰的茎有多长，从地上蔓延到多远……

他一面测量，一面把尺寸记在笔记本上。

陌生人的一举一动，米秋林很是注意，同时也感到欣慰、便走到陌生人跟前问：

"可不可以告诉我，为什么我的玫瑰这样吸引您哪？"

陌生人很有礼貌地站了起来，尊敬地向米秋林鞠了一躬，回答说：

"伊凡·符拉基米罗维奇，我认为您应该为这些玫瑰而自豪，它们并不比您的苹果树和梨树逊色啊。"

米秋林微微皱起眉头说：

"我不是为了自豪而培育果树的，而是为了增加农民的收入，改善人民的生活，才培育果树新品种的。"

这个陌生的客人对这些毫不犹豫地回答：

"您那些蔓延着的玫瑰会给人民带来很大的益处

啊，伊凡·符拉基米罗维奇……"

米秋林同这个客人谈话中才了解到，他是从遥远的西伯利亚来的。

"您是不是打算把玫瑰移植到西伯利亚去呀？"米秋林和蔼地问。

"一定成功，等着瞧吧……"客人毫不夸口地回答。

这个回答使米秋林回想起，他曾经这样地回答过那些讥笑他的人。

米秋林紧紧地握着客人的手说道：

"祝您成功！不管您怎么想，我由衷地祝您成功。不过我请求您，一定把成功的消息告诉我。"

客人真诚地感谢米秋林的好意。过了几天，就回西伯利亚老家去了。

过了一个时期，在报上出现短篇记事报道：在寒冷的西伯利亚，起先在鄂木斯克城附近，后来在克拉斯诺雅尔斯克城附近，以及在更北的地方，有人试植树木成功，这是个惊奇的消息。

那个人叫吉裘林，他曾经到米秋林果园研究过蔓生的玫瑰，现在开始使苹果树、梨树、樱桃树这些果树不是像往常那样向上生长，而是使它们在地上蔓延。

米秋林一看到这则消息，马上就猜到了，那个西伯利亚客人为什么对他的玫瑰这样有兴趣。

米秋林对在场的助手们说：

"真是好样的！他的办法太好了！"

不久，米秋林收到了从西伯利亚寄来的信，正是那个陌生的西伯利亚人寄来的。

西伯利亚陌生人——吉裘林把成功的消息告诉了米秋林。

信里叙述了他们获得成功的经过。

吉裘林等西伯利亚园艺家们，也像米秋林对待自己的玫瑰那样，把幼树的小干弯到地面上，把它们缚在结实的小木桩上，等到弯曲的树干长出幼枝的时候，这些幼枝也沿着地面蔓延，同时，在一段时期内，也以横躺的状态被缚在木桩上。

幼树用它那蔓生的树枝好像拥抱着亲爱的母亲似的，紧贴着地面，从母亲身上得到温暖和保护，甚至得到了营养。

土地轻微的温暖，使幼树得到了热并帮助它成长得更好。此外，土地消耗蔓生的树木上的养料，要比消耗直生的树木上的养料少。大部分的养料都灌输到蔓生树木的花朵和果实上去了。

这样一来，花开得茂盛，结出的果实既大且甜。

然而，这还不是全部的好处。

蔓生植物最大的好处是在冬天里，它们完全被白雪大皮袄给覆盖了。

大概你们会知道，冬天里，在俄罗斯，特别是西伯利亚，雪特别厚，而且很漂亮。它们紧紧地把蔓生植物全部包裹起来，使植物的肢体不会被冻伤。

这种园艺上的新发明，是从米秋林思想中产生出来的。这不仅仅是新发明，而且是果树栽培事业上的大变革。

在1939年和1940年，在莫斯科举行了全苏农业展览会。西伯利亚园艺家们把蔓生的苹果树和梨树陈列出来了，引起轰动。巨大而美丽的苹果树直躺在地上，好像黄瓜秧一样，在接近地面的树枝下面挂着许多苹果。前来参观的人都说："这是米秋林科研思想的结晶！"

　　园艺家们辛勤地劳动，获得了很大的经济效益。西伯利亚地区普遍栽植了蔓生果树——苹果树、梨树、樱桃树等。酷寒的西伯利亚对于外来水果的需求愈来愈少了。

　　米秋林的学生们使广袤无垠的西伯利亚生长着优良的果子，这无疑是米秋林玫瑰教给他们的。

八十寿辰与斯大林的电报

1934年9月20日，苏联举行了米秋林事业六十周年纪念和米秋林八十寿辰的庆祝会。在米秋林斯克，召开了米秋林工作者和园艺家的会议。向米秋林祝寿的不仅有党、政府、团体和科研机关的代表，还有从苏联各地来的集体农庄的庄员和工人。米秋林斯克的工人、集体农民同其他各地来的工人、农民五万多人，举行了盛大的游行活动。苏联中央执行委员会一致决议，授予米秋林以"科学与技术劳动英雄"称号，斯大林也亲自嘉奖了他。

米秋林在这个纪念会前两天，写信给斯大林：

"共产党和工人阶级给了我一切。我一生的梦想实现了。苏维埃政府给了我最高的奖赏，将科兹洛夫城改名为米秋林斯克，给了我红旗勋章和列宁勋章，还出版了我的著作——《五十年工作的总结》。为了这一切，对于您这位创造新世界的劳动群众的领袖，我要拿我60年全部的工作，来表示我的话音和敬爱。"

几天后，斯大林拍了一封电报给米秋林。

"米秋林同志：

我真诚地祝贺您，并对您60年来有利于我们伟大的祖国的工作致敬。紧紧地握着您的手。

斯大林"

米秋林接到这个电报，感到非常光荣，高兴极了，便发了一个回电给斯大林：

"您的贺电是我80年来所得到的最大的褒奖，也是最可宝贵的褒奖。"

米秋林的八十大寿，不但受到本国人民的热烈庆祝，而且也得到了其他国家进步科学家的祝福。许多外国学者，都在苏联的刊物上，发表他们对米秋林祝寿的文章。

到1934年冬天，米秋林的身体状况已经衰弱了，但他还是照常地工作着。

1935年2月开始患病。3月初，米秋林斯克举行第二次全苏园艺工作者大会。米秋林因病没有参加大会，仍对大会提出一些指示，邀请代表们去见他，回答了代表们提出的问题，重点解释了有关果树培育的方法。

他在病中，还接见过来访问的科学家；还同他的助手们谈话，指导他们工作。

到4月下旬，米秋林已经卧床不起了，经苏联保健人民委员会和中央卫生局特派医生的诊断，他患的是胃癌。

不久，他连吃东西都要别人来喂了。5月中旬，经过第二次诊断，结果同第一次一样，是胃癌。在米秋林的病房里，配备了最好的医生和护士。

米秋林虽然患着重病，躺在床上不能动，但仍旧忘不了他的事业。他时常问助手，有一种名叫"金色美味"的苹果树苗过冬的情况怎样。又有一次，问他的女儿玛丽亚，听说有一种远东野生南瓜的瓜苗里生出一棵样子很特别的瓜苗来，问她有没有把甜瓜的种子掉在这种南瓜的种子里面。

6月3日，他的病情进一步恶化，什么东西都不能吃了。当米秋林听到苏联科学院选他为名誉会员的消息后，激动无比，嘴角露出了微笑，泪从眼圈流了出来。这一年，捷克斯洛伐克农业科学院也选他为会员。苏联政府的技能审查委员会决定，赠予米秋林生物学博士的称号。

米秋林的病情愈来愈坏，甚至昏迷了。1935年6月7日上午9点30分，这位伟大的生物学家安详的闭上眼睛走了。

米秋林逝世的消息传开后，全苏人民都追悼他，缅怀他的事业。苏联人民委员会和党中央委员会决定将米秋林的遗体放在米秋林斯克中央广场上，举行国葬，并葬入广场的墓地中。给米秋林家属补助金。决定设立米秋林高级农业学校，出版米秋林全集。科兹洛夫区改名为米秋林区，科兹洛夫车站也改名为米秋林斯克车站。

这一切，都表示了苏联人民对米秋林事业的敬意和感谢。

米秋林虽然走了，但米秋林的事业在一天天地发展着、扩大着。成千上万的米秋林工作者，在集体农庄、国有农场、学校、研究所、果园里，继承着米秋林的事业，在工作着。

少年米秋林园艺家们

米秋林逝世多年了。

当年来过米秋林果园参观的小学生们，如今都已长大成人了。

曾经来过米秋林果园做客的少先队员瓦夏也长大成才了。

现在人们都不叫他瓦夏，而叫他瓦西里·尼古拉也维奇了。瓦西里是莫斯科郊区一所中学里的生物教师。在校田地里，他按照米秋林的方法栽植果树，并且对自己的学生讲了许多关于米秋林的故事。

有一次临下课，他对学生们说：

"孩子们，你们是不是想要访问伊凡·符拉基米罗维奇·米秋林？"

学生们都喊道：

"他不是已经死了吗，我们怎么能够访问他呢？"

"像米秋林这样的人是永生不朽的，虽然他已经死了，但是人们牢记着他，继续着他的事业。我们怎么可以把他当做死人呢？"瓦西里严肃地回答说。

大家决定到米秋林斯克去，在那里可以看到伟大的自然学者的遗产。

孩子们一下火车，映入眼帘的就是车站的墙壁上挂着米秋林的巨幅画像和米秋林的各种果实的照片。

从车站沿大街走，在市中心，看到了一座巨大的米秋林纪念碑。不一会儿，孩子们到了米秋林墓前。

有一块用黑色大理石做成的墓碑，上面有金色题词："伊凡·符拉基米罗维奇·米秋林，生于1855年，死于1935年。"在墓碑的四周，栽植着四株美丽的小树，每株树的树干上挂着一个银色的小木牌。

木牌上分别写着："别里弗略尔·基泰伊卡"，"干基里·基泰伊卡"，"彼品·基泰伊卡"，"沙福兰·基泰伊卡"。

米秋林所培育的这些心爱的树，好像永不换班的卫士一样，终年护卫着他。

"孩子们，你们还记得吗，我曾经对你们讲过'基泰伊卡'？"瓦西里对孩子们说。

"米秋林把普通的、果实小的、半野生的苹果树改造成结出上等果实的奇异的树木。他给自己创立了多么美丽的纪念碑呀！"

孩子们在米秋林的墓旁默默地站了一会儿，忽然从身后传来欢乐的嘈杂声。

大家回头看去，原来是米秋林园艺学院的学生们课间休息，在交换着讲课的意见。

"这所学院是米秋林创办的，"瓦西里说。"他晚年还时常到这里来讲课呢。现在成千成万的青年园艺家从这所学校里培养出来，继承着米秋林的事业。"

离开米秋林墓地，瓦西里和学生们往一座果园走去，这座果园是米秋林亲自栽植和培育起来的，瓦西里曾经到过这座果园客。

他们走出城，向一条不宽而很美丽的小河边走去，河的一边簇拥着高大的柳树，河的另一边伸展着一座广大的围上铁丝网的果树园。

在通往果园的大门上，孩子们看到了书法家所题的米秋林的名言："我们不能等待自然界的恩赐，我们的任务是向自然界索取。"

当孩子们走进果园里的时候，里面是寂静的。

苹果、梨、樱桃和李子、"阿尔克吉克"葡萄、"金色"红醋栗、"同志"杏、"捷哈斯"覆盆子、"伊佐比尔那"黑莓、猕猴桃等，都充满了甜汁。茂盛而鲜艳的玫瑰花，芳香的百合花盛开着。这里的一切，都像米秋林在世时一样。

园艺家的女儿玛丽亚·伊凡诺芙娜·米秋林娜和她的侄女亚历山大·谢苗诺娃亲切地接待了小客人们。

科学院院士巴维尔·雅柯夫列夫，就是那个曾经被米秋林在果园里捉住，并请他吃过果酱的巴甫洛什卡，也出来欢迎孩子们。

他们给孩子们讲了许多有关米秋林的感人故事，随后又领他们参观了米秋林的住室，一切都按这位伟大科学家在世时所布置的样子保存着。孩子们看到了米秋林著作的手稿以及他亲手绘制的果树和果实的图画。他们又欣赏了米秋林亲自制作的仪器和工具。那里有敏感的晴雨表，一次可以走40昼夜的钟，传粉和剪枝用的各式各样的小器具。简言之，那里有米秋林生前所研究的一切东西和他所爱好的各种器具。

小客人们，还看到加里宁赠送给米秋林的一个精致小柜、装在玻璃全框里的一封斯大林来信和一封列宁的电报，米秋林获得的列宁勋章和斯大林勋章等贵重纪念品。

在米秋林的故居里，瓦西里请米秋林的女儿，给孩子们讲米秋林的生活和工作。玛丽亚·伊丹诺芙娜·米秋林娜告诉孩子们：

米秋林从小起，他的日常生活都有一定的规律，他每天这样地工作着、休息着，一直到他死的时候为止。

他清晨五点钟就起床，到果园里去工作，并检查一下昨天晚间所做工作的结果。

上午八点钟，他开始吃早饭。早饭后又到果园里工作，边工作边指导他的助手们。这样一直要到正午十二点钟才吃午饭。

　　十二点半吃完午饭，他便看报和阅读各种杂志，大约要花去一个半钟头。到两点钟，他再休息一个钟头，又开始工作了。

　　下午三点到五点，是在果园里工作的时间。下午五点钟是他喝茶的时候，喝了茶，便在家里写文章，写日记。

　　晚上八点钟吃晚饭。饭后写信，一直到午夜十二点钟。写信为什么要占用这么多的时间呢？因为他的果园育种工作是需要群众帮助的，所以和群众联系的工作很重要。他每天接到许多信，也要写出许多信。尤其在十月革命以后，他每年要收到一千多封信。

　　同他通信的不但有园艺家、集体农民、工人，还有学术工作队的队员和学生。就连旅行团的团员、游历家、狩猎者、打鱼摸虾的人也都和他通信。米秋林靠和这些各式各样的人通信，才获得了许多珍贵的苹果、梨、杏、桃等的种子，来做他培育杂种果树的工作。

　　米秋林是个珍惜时间的人，他不大外出交际。但是，来访的人，他总是高兴而热情地接见，尤其是一些专家和学者。会客通常在下午，但有时在果园里也和来客会面，坐在树荫下的椅子上同客人聊天。

米秋林工作的时候，总带着一只小木箱子，箱子里放着各种工具，像花粉的瓶子、放大镜、夹钳和刀之类东西。

米秋林工作的时候，手头总有一个笔记本，他把观察到的和应该注意的东西都记在笔记本上。他不但用文字记录，而且还常常画成图画。在他的笔记本中，可以看见许多描写树木各个部分的写生画。这些写生画，画得很精细。在科学研究中，图画是很有作用的，可以帮助弥补文字的不足。而且当你画植物的某一部分时，你势必要仔细观察，否则你便画不出来。如果不画图，观察便不会仔细。

米秋林的工作态度是非常认真的。譬如他要做接枝、插木、修剪工作时，事先要准备得非常充分。双手先洗干净，刀子先磨快，扎枝用的绳子和涂创口用的蜡都要选上等的。总之，一切准备工作都要充分做好，像外科大夫开刀那样，细心而敏捷的割切树枝。

有一次，米秋林对做接枝工作的人员说："你们千万不可以把刀子放在太阳底下，因为刀口一晒热，切到树枝上去，会把树枝上的切面烫坏的，大家一定要注意！"从这件事，我们可以看出来米秋林对于琐屑的小事，也是非常当心的。

果树在春天开花了，这是进行植物杂交最忙碌的时刻。也是米秋林最忙的季节，他亲自隔离花粉，采集花粉，传授粉，每个环节都要做好，而且要做得快。

米秋林从来不浪费一分钟，他总说一个人活的时间不多，就是那么几十年吗。一生一世难得看见三种苹果后代的结果怎么样。

米秋林的工作室是他独创的，一切都是为了方便他的工作。室内满是书架和木橱，墙角有一只大木箱子，里面放着他的各种工具。他工作的时候，需要什么工具，随手就可以拿到。

另一个墙角里，放着一只雕花的木橱。这木橱里贮藏着他从世界各地得来的宝贵的种子。这只木橱，是1933年，苏联中央执行委员会主席加里宁，第二次访问米秋林果园以后，从莫斯科运来的。木橱上写着："送给培育新植物的大师米秋林。加里宁赠。"几个字。米秋林对这只木橱是十分珍惜的，精心加以保护。

米秋林工作的时候非常严肃，读书的时候非常仔细，从不马虎。当他看到有兴趣的地方，或是认为重要的地方，总是要用红蓝铅笔划上道道，或是在空白的地方写上自己的意见：赞成或反对。他读过的书报杂志上，总是写上很多意见的。当他读报纸杂志时，看到有参考价值的文章或材料，往往把它剪下来，贴成厚厚的一本，将它保管起来，成为科研和写文章的重要参考资料。

他虽然是一位自然科学家，但也非常爱读文艺作品。甚至在他晚年，特别是患癌症卧床不起时，还在阅读肖洛霍夫的《静静的顿河》、诺维可夫·波里伏伊的《对马岛》、尼索夫的《海洋》等苏联优秀的文学作品。

米秋林的女儿讲了很长时间，故居里鸦雀无声，孩子们一直聚精会神地听着，他们都希望做一个像米秋林爷爷一样的人。

参观了米秋林差不多住了40年的老果园后，又去参观几座新果园，这里是在苏维埃政权时期开办的。

小观众们在这儿简直把眼睛都看花了。呈现在他们眼前的是无边无际的蔓延几十公顷的大果园，一行行的苹果树和梨树。这都是米秋林的继承者和学生们，按照米秋林方法种植的。

　　"大家看呀！那座大楼多么漂亮呀！"一个孩子指着果园和苗圃间的建筑物说。

　　"那是米秋林园艺科学研究院，在这里工作的都是专家呀！"瓦西里对学生们解释说。

　　米秋林逝世后，主持果园工作的是高尔什科夫。孩子们参观几座果园后，高尔什科夫带领孩子们参观了巨大的温室。温室里，栽植了各式各样的树苗、浆果苗、花苗等，就连南方的兰油木、仙人掌、橘子和柠檬等也可以看到。

　　对于这些果园，高尔什科夫解释说：

　　"我们靠这些果园来供给全苏联：西伯利亚、乌拉尔、伏尔加河流域和极北地区栽植用的和接木用的材料。我们邮寄几十万个邮包到全国各地，有的寄给科学试验站，有的寄给幼儿园，有的寄给学校，有的寄给集体农庄。在那里用它们来开辟新的果园……"

孩子们参观米秋林果园时，看见和知道了许多重要的、有趣的知识。

"孩子们，虽然你们累了，然而我们还要去一个地方，这项活动很有意义……"瓦西里说。接着他拿出一张纸条，上边写着要去地方的地址。

孩子们都相信瓦西里不会领他们白跑一趟的。

瓦西里按照纸条上写的地址领他们走了。经过许多街道和小巷，最后来到了一所小屋跟前。

他们敲了一下门，一个30多岁的女人给他们开了小门。

瓦西里问：

"米沙·柯瓦廖夫是住在这吗？"

"他是我儿子。请进来，他在花园里。"妇人回答说。

瓦西里和孩子们走进院子里，往花园走去。

当他们走进花园，看见一个十多岁的男孩子正在察看缚在树枝上的一些白纱布小口袋。他先解开口袋，看了看，在本子上写了什么，然后又把口袋扎好。

看见客人，他有点害羞。很有礼貌地向瓦西里鞠了一躬，说：

"您好！我们的老师对我说，有人打算到我这里来，是不是您？"

"对啦！"瓦西里点了点头答道。"你的老师是我的老朋友，我们一块念过书……由他介绍，我才能把小伙伴们带来和你认识认识。"

瓦西里指着解开的口袋问：

"米沙，你在进行第二次检查吗？"

"是呀，第一次的检查结果很好，现在作第二次检查，看看接木后，子房是否完整。"米沙回答道。

瓦西里接着问：

"米沙，你接在一起的都是些什么树？"

米沙认真地回答：

"接在一起的梨是不是都活了？有南方'基泰伊卡'跟北方'基泰伊卡'，有野核桃跟克里米亚园核酒色，有当地的黑树苹果跟米秋林'别里弗略尔'……"

瓦西里满意地说：

"米沙，我们看到了，你真了不起，你是个真正的少年米秋林园艺家呀！"他把头转向孩子们说："如果你们以米沙为榜样，也来试试培植果树新品种，那该有多好啊。"

"这很困难。"其中一个孩子说。

接着，米沙热情地说：

"我们要克服困难，什么都能做到。我现在满十二岁了，读五年级。到明年，我把今年经过接木所得到的种子下种，它们能够开花结果，还要七年功夫。那时，我19岁了，我的花园里将生长出来许多优良的果树。难道米秋林不是这样做的吗？"

孩子们注意地听着米沙的这番话。

"米沙，再见！米沙，再见！"老师和学生们告别了米沙，乘火车回莫斯科了。

孩子们在回家的途中，许多人互相作了许诺，并向瓦西里保证，决心要成为米沙一样的少年米秋林园艺家。

米秋林的理论和工作方法

我们已经把米秋林光辉而伟大的一生读完了，下面我们谈一谈米秋林培育新果树和新浆果的理论和方法。

米秋林培育植物品种的理论和方法，是一种专门的学问，生物学知识浅的人是不容易完全了解的。我在这里只能说一个大概，并且找几个例子，说给我们的青少年朋友们听。

旧式的生物学家有一个错误的理论，他们认为植物和遗传性是不会改变的，南方的植物只能生长在南方，北方的植物只能生长在北方。米秋林却认为植物的遗传性是可以改变的，可以用培养的方法改变它，打破它。

米秋林认为自然界里原有的秩序是可以改变的，可以用适当的方法来改变它，使它对我们人类更有用处。譬如长得肥大，味道好，颜色又美丽的南方水果，我们可以用人为的方法把它移植到寒冷的北方来，供我们享用，那该有多好哇！

米秋林是生长在俄罗斯中部的。那里的气候寒冷，水果品种很少，即便有这种水果，结的果实既小，味道也不好，不是酸，就是涩，吃起来很难受。米秋林一生的志愿便是要使南方的果树长到北方来，给生活在冰天雪地里的同胞们尝尝味道。

米秋林的果园有一种杂种苹果，长得很大，味道好，又甜又香，皮还是玫瑰色的，诱人极了。这种苹果便是米秋林应用独到的方法培育出来的。

苏联通俗科普作家伊林，写米秋林培植这种苹果的经过时，是写得十分有趣的。

伊林写道：

米秋林起初看中了俄国南方克里米亚地方的一种苹果，又香甜又漂亮，可是这种苹果只能在气候温暖的南方生长，要移植到寒冷的北方来是不可能的。

他记起幼年的时候，在父亲的果园里，曾经看见过一种中国种的苹果树，这种苹果树上结出的苹果特别小，只比樱桃稍微大一点，可是它有一个优点，就是不怕寒冷。它像野生的苹果树一样，能在冰雪中生存。

米秋林认为把克里米亚种的苹果和中国种的苹果杂交后，它们生下来的孩子，一方面有了克里米亚种的肥大、美味的优点，另一方面又有中国种的耐寒性等优点，这岂不是最理想的苹果吗？

于是米秋林把克里米亚种苹果上的花粉放在中国种苹果树上的花里，让它们授粉、结果。

这种杂种苹果树的苗木渐渐长大了，越长越像它的父亲克里米亚种了。米秋林觉得这是不行的，像它的父亲，耐寒性没有了。

米秋林又把苗木上的芽割下来，接在中国种苹果树上，让有耐寒性的中国种苹果树——这位母亲来喂养它，把耐寒性传给它。

这种杂种苗木长起来，几年之后，它已长得能耐寒，不再需要母亲地保护了。米秋林便把它和它的母亲分开。果然，这株小树不怕寒冷了。

又过了几年，这株杂种苹果树长大，开花结果了，结出的果实既瘦小，又丑陋，种子也长不出芽来。

面对这种情况，米秋林并不灰心。他继续精心看护这株苹果树，培养它，等到第五年结果时，果实就像克里米亚苹果那样大，味道也变好了。到第18年结果时，竟比克里米亚苹果要大上两倍。功夫不负有心人，米秋林的心血没有白费。

用两种苹果杂交来培育一种新的苹果，固然可以，但用两种不同的果树来杂交也是可以的。例如，用苹果树和梨树来杂交，可以产生一种新的果树，叫"梨苹果"。

米秋林是这样来培育"梨苹果"的：

米秋林先种出一种杂种苹果树，他将这棵苹果树苗木上的芽割下来，接在一种能耐寒的野梨树上，让果树的幼芽吸收野梨树的养料而长大，经过培育，它开花结果了，果实的形状像梨，它的肉像苹果，但也具有野梨的味道，梨苹果培育成功了。

米秋林用克里米亚种苹果同中国种苹果杂交，用的是花粉授精法，苹果和梨杂交的时候，不用花粉，而是用接枝的方法。

在生物学上，前一种方法叫有性杂交法，后一种叫无性杂交法。

米秋林培育果树新品种的方法太多太多了。下面我们再介绍两种方法："远隔杂交法"和"导师法"。

"远隔杂交"，就是两种植物杂交，不要用同种的植物，这两种植物的亲属关系隔得越远越好。另外，这两种植物都不要是本地生长的，而是要从不同的地方取来。这样，杂交所产生的杂种后代比较优秀。再有，这两种植物来自不同的远方，对于本地的气候、土壤都是陌生的，容易把它们各自的优点表现出来。如果用了一种本地生长的植物，那么这种植物对于本地的气候土壤太熟悉了，在生长的过程中容易把另一种远方取来的植物的优秀品质压倒，所以说，这是不适宜的。

例如米秋林要培育一种既耐寒又好保存，味道又好的梨。他便采用两种梨树来交配，一种是名叫"别列·罗雅里"的法国梨，这种梨味道好，又耐保存。另一种是来自遥远的乌苏里野梨，因为它耐寒。米秋林把这两种梨交配，得到了一种新的梨。这种梨树非常耐寒，甚至在零下36－37摄氏度的严寒下也不会冻死，而且梨的味道还非常鲜美，和南方种的梨一模一样。

米秋林为什么不将"别列·罗雅里"梨和本地野梨交配，而一定要采用远方来的乌苏里野梨呢？因为本地野梨太适应本地的气候和土壤条件，容易压倒"别列·罗雅里"种的优秀品质；而乌苏里野梨是属于梨的另外一种，和"别列·罗雅里"梨的亲属关系较远。这就是"远隔杂交法"。

米秋林还会将两种不同的植物交配起来，如上面说的"梨苹果"便是一例。

除"远隔杂交法"外，还有"导师法"，这是米秋林培育植物新品种的独创方法。

这种培育植物新品种的方法，可采用米秋林培育的新种苹果"别里弗略尔·基泰伊卡"来说。

为了培育一种新苹果，米秋林用一种美国苹果，名叫"黄色别里弗略尔，和中国种苹果交配。这种杂交苹果结出的果实，中国种的耐寒性是传给它了，同时也传给它几个缺点：第一是果小，第二是早熟，第三是保存时间短。

为了克服这些缺点，米秋林便把美国苹果"黄色别里弗略尔"接枝，接在这株年轻的杂种苹果树上，像一个教师一样，教导这株杂种苹果树，叫它改变品质。杂种树受了接枝的影响，新结出来的果比较晚熟，保存期也比较长，果实逐年变得好了。经过几代果以后，新结出的果实无论在味道，还是在色泽形状上，都不亚于美国苹果，而且耐寒。杂种植物在幼年的时候，应用"导师法"，或者是其他的培育方法，都容易接受，因为植物的幼年正如一个小孩子一样，比较容易改造，因为它的品质还没有稳定。

米秋林对选种工作特别注意，无论是种子，还是种芽，都要选择优良而强壮的。有时还要把种子埋在雪里过冬，来增强它的耐寒性。培育杂种不能在土质肥沃的土地上进行。必需选土质差的土地，让自然来淘汰它们，只有强健的种子生长起来，不好的种子全部被淘汰了。

培育成一种植物新品种，不是一件容易的事，需要长时间的努力才能办得到。米秋林的工作是以10年、20

年来计算的。比利时的果树园艺家蒙斯说过，要培育和推广一个苹果新品种，需要40年时间。而米秋林靠着自己的聪明才智和毅力，不断地探索和追求，不怕困难和失败，他一个人培育出45种新苹果。他的毅力是何等的坚强，他的成果是何等的非凡呀！

米秋林一生的工作目的就是一个：为祖国人民服务。外国人称赞他，他不在乎；外国人用金钱来引诱他，他不动心。有许多到米秋林果园来访问的客人，问米秋林：

"您为了什么工作呢？"

米秋林回答说："为了要对国家有利"。

米秋林不仅是一位伟大的生物学家，而且还是一位伟大的爱国主义者。青少年朋友们，米秋林这种爱国主义的精神，为祖国人民服务的精神，多么值得我们学习呀！

世界五千年科技故事丛书